MEINE INSELBUCH-HANDLUNG

PETRA DITTRICH MIT RAINER MORITZ

MEINE INSELBUCHHANDLUNG

Zwischen Bodden
und Brandung

Eden BOOKS

INHALTSVERZEICHNIS

JEDEM ANFANG WOHNT
EIN ZAUBER INNE ... UND
EIN KLEIN WENIG ANGST

Ende Februar 2019. Nun ist es so weit. Ich stehe auf dem Gingster Marktplatz, es ist kalt, ein schneidender Wind fegt über die parkenden Autos hinweg. Wie immer um diese Jahreszeit sind die Einheimischen unter sich. Nur ab und zu verirren sich ein paar Touristen in den Ort. Ich schaue mich um, blicke hinauf zum wuchtigen Turm der St.-Jakobi-Kirche – bewusster als sonst, denn mit einem Mal habe ich Zeit, mir die geschweifte Turmhaube genauer anzusehen. Ich bin keine eifrige Kirchgängerin, doch auch dieser Bau gehört zu meinem Leben. Und dieses Leben nimmt nun eine Wendung, die ich mir nie vorstellen konnte ... und wollte.

Zum letzten Mal drehe ich den Schlüssel im Schloss um und drücke die Türklinke zur Kontrolle. Fast zehn Jahre lang war das Gebäude, das ich nun endgültig verlasse, mein Reich, habe ich mit allem Herzblut, das mir zur Verfügung steht, hier einen Buchladen aufgebaut und versucht, Kunden aus nah und fern glücklich zu machen. Kunden, aus denen Stammkunden wurden, oft Freunde.

Mein Blick schweift die Fassade hinauf, zum ersten Stock. Dort oben haben Beate und ich zusammengewohnt, mit unseren Katzen, eine Treppe nur von unseren Büchern entfernt. Und von unserem Garten, den wir liebevoll zu einer grünen Oase, zu einem wahren Schmuckstück gemacht haben.

Hier, in Gingst, Markt 5, ist mein Traum wahr geworden, und hier begreife ich nun endgültig, dass kein Traum ewig währt. Ich weine – was niemanden überraschen dürfte, der mich kennt. Tränen gehören zu meinem Leben. Sie kommen schnell, aus Trauer, Rührung, Empörung, Freude oder Wut. Doch wer mich näher kennt, weiß, dass ich kämpfen kann, dass ich nicht schnell aufgebe. Mich unterbuttern – das soll einer versuchen! Ich balle eine Faust und gewinne langsam meine Zuversicht zurück. Wir haben Glück gehabt. Es wird weitergehen, gleich gegenüber am Gingster Marktplatz, unter der Hausnummer 6.

Am 28. Februar 2019 lief unser Mietvertrag aus. Der Streit mit unserem Vermieter hatte Formen angenommen, die für mich unerträglich waren. Am Ende verkehrten wir nur noch über Anwälte. Den Ärger – und die vielen Tränen – werde ich nie vergessen. Im Dezember 2018 schloss der Geschäftsbetrieb an der alten Adresse offiziell. Zum Abschied hatten wir unsere Kunden eingeladen – um es sich noch einmal in den alten Räumen bequem und uns den Umzug leichter zu machen. Im wahrsten Sinn des Wortes: Denn jedes Buch, das an diesem Tag gekauft wurde, musste nicht auf die andere Platzseite gebracht werden.

Das Ergebnis war überwältigend: Fünfhundert Kundinnen und Kunden wollten die letzten Stunden mit uns teilen. Stapelweise schleppten sie die – nicht heruntergesetzten! – Bücher aus dem Laden und bescherten mir den umsatzstärksten Tag in unserer Geschichte. Unser Motto lautete: »Was ihr heute kauft, brauchen wir nicht rüberzutragen.« Die Kunden kamen mit großen Taschen, um alle eingekauften Bücher zu verstauen, und sie brachten uns Blumen und Geschenke. Dass so viele kamen, hat uns in unserem Willen bestärkt, weiterzumachen und uns auch über die Bauzeit »getragen«. Denn die folgenden Monate waren ziemlich stressig, aber die Erinnerung an diesen letzten Tag hat uns immer wieder Kraft gegeben, vor allem, wenn wir meinten, keine mehr zu haben.

Den Januar über räumten wir den Laden leer – ein schmerzhafter Prozess. Da stand ich im Laden, ganz allein und packte die Kartons, wütend und traurig zugleich. Die Fenster klebte ich zu – ich wollte dabei nicht beobachtet werden, denn vielleicht war das ja die Niederlage meines Lebens. Würde ich noch einmal die Kraft aufbringen, ein Geschäft nach meinem Geschmack aufzubauen? Würden die Kunden mir die Treue halten? Es fiel mir schwer, Stück für Stück unser Reich aufzugeben, abzubauen, was wir mit so viel Hingabe aufgebaut hatten.

Ich stehe also auf dem Gingster Marktplatz und wische die Tränen beiseite. Meinen Buchladen gibt es nicht mehr. Und gleichzeitig spüre ich, wie meine Energie wiederkehrt, und da weiß ich es plötzlich: Mein neuer Buchladen wird schön werden, vielleicht schöner als der alte, mit neuem Zauber versehen. Ich werde glücklich sein und diesem Einschnitt in meinem Leben alles Gute abgewinnen. DER BUCHLADEN GINGST,

Markt 6, 18569 Gingst/Rügen – das ist die neue Anschrift meines kleinen Literaturhauses.

Zuerst hatte ich überhaupt keine Ahnung, wie der neue Laden aussehen sollte. Er war ausgefliest bis unters Dach, ein eher abweisender Anblick. Mit einem gemütlichen Buchparadies hatte das nicht die geringste Ähnlichkeit. Oft saßen Beate und ich schweigend da und überlegten, was sich mit diesen Räumen anfangen ließe. Der Standort war perfekt, keine Frage, seine Inneneinrichtung aber noch lange nicht.

Als wir die Fliesen entfernt und den Holzfußboden verlegt hatten, da sprudelten die Ideen. Mit einem Mal konnten wir uns vor Einfällen nicht retten. »Beate, dort hinten in der Ecke ...«, »Und dann stellen wir genau da, Petra, einen Sessel hin ...« – so ging es hin und her, wir lachten wieder, sahen alles schon vor uns und spürten, dass wir nicht die Einzigen wären, die sich darin wohlfühlen würden. Ein befreundeter Maler, Otto Sperlich, schenkte uns ein Bild, das er eigens dafür anfertigte: eine Adaption von Carl Spitzwegs *Der Bücherwurm*. Es hängt nun über einer kleinen Treppe, die ins Nichts führt.

Ich durfte weiterträumen, ja, ich durfte weiterträumen!

ICH BIN EINE VON HIER

Ich bin ein Inselkind. Und ein Dorfkind. Rügen ist für mich Heimat, auch wenn es mich als junge Frau fortzog und mir die Insel damals viel zu klein für all meine Sehnsüchte und Träume erschien. Wie hat mich meine Jugend geprägt? Wäre ich ein anderer Mensch geworden, wenn ich in Berlin aufgewachsen wäre? Das frage ich mich manchmal und spüre schnell, dass ich hierhergehöre. Die Ruhe, die Stille, die Weite, der Himmel, die Tiere – das war und ist meine Welt. Alles, was es mir schwer macht, es auf Dauer in einer Großstadt auszuhalten, gibt es hier nicht. Über Felder und Wiesen reiten, bei jedem Wind und jedem Wetter, durch die Wälder streifen ... die einsamen Strände am Abend, wenn sich alle in ihre Häuser und Hotels zurückgezogen haben. Im Winter herrscht bei uns wunderbare Stille, es ist weiß und eisig kalt, manche sagen gar, das entspreche dem Naturell der Einheimischen am besten ...

Am 9. Januar 1973 bin ich geboren, im Sternzeichen des Steinbocks. Dessen Vertreter sind, heißt es, ausdauernd, beharrlich, belastbar und bodenständig – Eigenschaften, die ich gern akzeptiere. Aufgewachsen bin ich in Samtens, einer zwanzig Kilometer nordöstlich von Stralsund und gut zehn Kilometer südlich von Gingst gelegenen Gemeinde, die Verwaltungssitz des Amtes West-Rügen ist. Rund zweitausend Einwohner leben da heute; der auf slawische Wurzeln zurückgehende Ortsname soll »einsam« bedeuten. Das war ich als Kind selten, schließlich bin ich mit fünf Geschwistern aufgewachsen, in – wie man so leichthin sagt – einfachen Verhältnissen. Meine Eltern waren, wie es in der DDR an der Tagesordnung war, beide berufstätig: mein Vater als Schlosser, meine Mutter als Agrarökonom. Nein, eigentlich sollte ich Agrarökonomin sagen, doch mit »geschlechtergerechter Sprache« hatte man in der DDR nichts am Hut. Männliche Berufsbezeichnungen schlossen Frauen automatisch ein. Immerhin würde ich mich selbst heute als Buchhändlerin bezeichnen, klar.

Wer durch das Samtens der Gegenwart fährt, muss die Zeit zurückdrehen, um zu verstehen, wie es hier vor fünfzig Jahren aussah. Beschaulich, ja idyllisch ist die Gegend immer noch, doch durch die Nähe zur neuen, 2015 eingeweihten Bundesstraße 96 ist das südliche Samtens vor allem in den Sommermonaten zum Verkehrsknotenpunkt geworden. Lange, nervende Staus sind keine Seltenheit.

Das war in meiner Jugend anders, zum Glück. Wir sind in einem Reetdachhaus aufgewachsen, inmitten von Tieren aller Art: Schweine, Ziegen, die die Milch gaben für die abgesetzten Schweineferkel ohne Muttersau, Gänse, Enten, Kaninchen, Katzen, Hunde, Hühner ... Obwohl meine Eltern keine Landwirtschaft im eigentlichen Sinn betrieben, gehörten die Tiere zu uns – und die Natur. Einschränkungen kannte ich kaum. Ich eroberte mir schon als Kind die Umgebung und fand überall genügend Anregungen. Soweit ich zurückdenken kann, glich unser Hof einem Abenteuerspielplatz. Ständig wurde etwas gebaut oder restauriert, und so breiteten sich an allen Ecken und Enden Sandhaufen, Bauschutt, Holzbretter und Schilfrohr aus – wunderbares Material für ein ohnehin kaum zu bändigendes Kind, wie ich eines war. Aus all den Fundstücken auf unserem Hof ließ sich immer wieder Neues und Spannendes bauen, Burgen, Höhlen, Verschläge, Unterstände …

Ich war gewissermaßen ein Pippi-Langstrumpf-Kind. Wie Astrid Lindgrens wunderbare Heldin ließ ich mich kaum zähmen, und Vorschriften, die mir nicht ein-leuchteten, gingen mir gegen den Strich. Meine Freunde sagen übrigens, daran habe sich bis zum heutigen Tag nichts geändert … Alle Versuche, mir Puppen und rosa-farbene Kleidchen schmackhaft zu machen, waren zum Scheitern verurteilt. Stattdessen ignorierte ich solche Rollenklischees und führte mich, wenn man so will, eher wie ein Junge auf. Das heißt, ich hielt mich, wann immer es möglich war, an der frischen Luft auf, eroberte meine Umgebung und ließ es an Lautstärke nicht fehlen. Die Nachbarjungs und mein Zwillingsbruder Peter hatten in mir eine verlässliche Kumpanin. Ich kletterte auf Bäume, und meine Mutter hörte schnell auf, sich abends über meine aufgeschlagenen Knie zu wundern. Pflaster und Jodtinktur standen für mich immer bereit.

Wenn es um Kinder- und Bandenspiele ging, konnte ich mich als Pippi von Samtens schwer damit abfinden, in der zweiten Reihe zu stehen. Ich verstand mich – ehrlich gesagt – schon damals als Anführerin und gab den anderen gern Anweisungen, was zu tun war. Die kleine Petra Dittrich als Häuptling der Apachen oder als Old Shatterhand, das empfand ich als eine mir gemäße Rolle. Vor allem aber hatte es mir *Sandokan – Der Tiger von Malaysia* angetan, eine TV-Abenteuerserie nach den Romanen des Italieners Emilio Salgari, die 1981 auch im DDR-Fernsehen lief. Der indische Schauspieler Kabir Bedi spielte darin den Piraten und Freiheitskämpfer Sandokan. Zusammen mit treuen Gefährten gegen böse Kolonialherren und schreiende Ungerechtigkeit zu kämpfen, das gefiel und lag mir, und damit floh ich an vielen Nachmittagen aus der Enge Samtens' in die weite Welt. Anführerin, wie gesagt, wollte ich sein – und wenn das nicht klappte, dann wenigstens die Frau des Anführers. Darunter sah ich meinen Platz nicht.

Ach, wenn wir gerade bei diesem Thema sind: 1983 wurde im DDR-Fernsehen die erste Folge von *Die Rache des Samurai* ausgestrahlt: Der Samurai Aoi Tsukinosuke, Sohn einer reichen und angesehenen Familie aus der Stadt Edo, kämpft Mitte des 17. Jahrhunderts gegen das japanische Feudalsystem. Einen Tag nach seiner Hochzeit muss er in den Krieg ziehen, wo er Opfer einer Intrige wird. Als er zehn Jahre später nach Edo zurückkehrt, schwört er blutige Rache ... Ja, damals hatte ich eine große Schwäche für alle Abenteuer, die im fernen, unerreichbaren Asien spielten – eine Leidenschaft, die sich dann irgendwann verflüchtigt hat. Genauso wie meine Lust auf Comics, von denen ich als Mädchen nicht genug bekommen konnte. Die Digedags, Helden der legendären *Mosaik*-Comics in der DDR, zählten einst zu meinen besten Freunden. Wenn ich heute in den alten Bänden blättere, weiß ich noch recht genau, was mich daran früher begeisterte, doch meine Liebe zu Comics hat die Jahre nicht überdauert ...

Kleiner Onkel, so heißt Pippi Langstrumpfs Apfelschimmel (zumindest in der von mir heiß geliebten Verfilmung), der mit Vorliebe Möhren frisst und auf der Veranda lebt. Ein eigenes Pferd zu besitzen, das habe ich zwar bis heute nicht geschafft, aber mit meiner Liebe zu diesen Tieren lag ich mit Pippi auf einer Wellenlänge. Und so war es ein großes Glück, als die Landwirtschaftliche Produktionsgenossenschaft (LPG) damals ganz in der Nähe von Samtens einen Pferdestall baute. Von da an waren meine Nachmittage verplant, und meine Mutter wusste, wo ich anzutreffen war. Sobald die Schule aus war, fuhr ich mit dem Rad in den fünf Kilometer entfernten Stall und hielt mich Tag für Tag, manchmal bis zu fünf Stunden, dort auf. Das war mein zweites Zuhause. Selbst am Sonntag war ich nicht zu bremsen und fand mich schon morgens gegen acht Uhr zum Ausmisten ein.

Zu »meinem« Kleinen Onkel wurde bald ein Wallach namens Joker, dem ich nicht von der Seite wich. Mit ihm im Stall zu sein, das war meine eigentliche

Heimat. Dieses wunderbare Pferd werde ich nie vergessen. Die Lust am Reiten ist mir geblieben; heute liebe ich es, mit einem Friesen durch die strahlenden Rapsfelder auf Rügen zu reiten. Von anderen – kleineren – Tieren, die aus meinem Leben nicht wegzudenken sind, erzähle ich später noch.

Trotz meiner Leidenschaft für Pferde blieb Zeit für andere Dinge, und schon damals zeigte sich ein Interesse, das ich viele Jahre später zum Beruf machen durfte. Die wenigen Bücher, die es bei uns zu Hause gab, reichten mir bald nicht mehr. Daher machte ich mich in die Bibliothek auf und lieh mir Bücher von Mitschülern aus. So entstand nach und nach eine intensive Liebe zur Literatur, zu den Büchern – eine lebenslange Leidenschaft.

Zwei Frauen vor allem waren es, die als Vermittlerinnen für mich wichtig wurden. Irmgard Stiboi leitete die winzige Bücherei von Samtens, die ich Schritt für Schritt erkundete. Während ich die wenigen Regale abging und deren Bestände genau prüfte, saß sie oft vor der Bibliotheksbaracke und rauchte eine Zigarette nach der anderen. Aus heutiger Sicht war diese unscheinbare Bücherei nicht der Rede wert und hatte wenig zu bieten. Doch für mich gab es allemal genug, und ich fand es großartig, mich dort in Ruhe umsehen, erste Leseerfahrungen machen zu können. Was einem als Kind prächtig erscheint, verliert ja erst im Nachhinein an Größe. Orte für meine Lektüren gab es viele:

in der Bibliothek selbst oder in meinem Zimmer, auf der Hollywoodschaukel im Garten oder im Indianerzelt.

Mindestens so wichtig wie Frau Stiboi war für mich die wunderbare Deutschlehrerin Frau Haak, die mir zeigte, was einem die Literatur zu schenken vermag. Wer in überschaubaren Verhältnissen auf dem Dorf aufwächst, braucht – vor allem, wenn man so wie ich gestrickt ist – seine kleinen Fluchten, die die Enge vergessen lassen. Und wenn mein Horizont damals zwangsläufig kaum über Samtens und seine Umgebung hinausreichte, so lernte ich in den Büchern fremde Welten und Gefühle kennen. Frau Haak führte mich vor allem an die russischen Dichter heran, Tolstoi und Aitmatow zum Beispiel – eine bis heute andauernde Faszination, die von Tag zu Tag gewachsen ist. Als meine Deutschlehrerin später nach Moskau ging, blieben wir in Verbindung und schrieben einander.

Noch ein kleiner Nachtrag zu meiner Schulzeit, nicht zuletzt als Beleg dafür, dass ich mich für dieses Buch dazu verpflichtet habe, auch unangenehme Wahrheiten unerschrocken auszusprechen: In den – wie das damals hieß – Kopfnoten meiner Zeugnisse konnte ich in Mitarbeit, Fleiß und Ordnung immer mit einem »Sehr gut« aufwarten. In Betragen jedoch erhielt ich erstaunlicherweise meist nur ein »Befriedigend«, versehen mit dem Zusatz »Petra schwatzt im Unterricht und hält ihre Mitschüler von der Arbeit ab«. Was soll ich dazu sagen?

Täglich im Stall zu sein und mit Tieren aller Art umzugehen, das blieb schließlich nicht ohne Einfluss auf meinen ersten Berufswunsch. Tierärztin wollte ich werden, denn für mich war es seit jeher schwer vorstellbar, einem Beruf nachzugehen, den man nicht mit allen Fasern ausübt, in dem man nicht aufgeht. Doch als Tierärztin zu arbeiten blieb ein Traum. Denn um diesem Ziel nahezukommen, hätte ich auf die Erweiterte Oberschule (EOS) – den Begriff »Gymnasium« gab es in der DDR nicht – wechseln müssen. Wie ich erst im Nachhinein erfuhr, wurden die wenigen EOS-Plätze allerdings keineswegs allein nach Leistungskriterien besetzt. Wer sich politisch nicht einwandfrei verhielt und die SED-Linie nicht konsequent vertrat, besaß kaum eine Chance, zu der kleinen Zahl von Schülern zu gehören, die auf die EOS in Bergen gehen durften.

So stand es nämlich in den EOS-Aufnahmeregelungen: »Für die Erweiterte Oberschule und für die Berufsausbildung mit Abitur sind Schüler auszuwählen, die sich durch gute Leistungen im Unterricht, hohe Leistungsfähigkeit und -bereitschaft sowie politisch-moralische und charakterliche Reife auszeichnen und ihre Verbundenheit mit der Deutschen Demokratischen Republik durch ihre Haltung und gesellschaftliche Aktivität bewiesen haben.« Diese Zusammenhänge begriff ich seinerzeit nicht, doch im Nachhinein bin ich froh darüber, dass mein Elternhaus kein strammer Stützpfeiler des DDR-Staates war, was nicht heißt, dass man dort die Ideen des Sozialismus ablehnte. Beide Eltern waren nicht Mitglied der SED – schon außergewöhnlich genug. Meine Mutter war Mitglied in der Vereinigung der gegenseitigen Bauernhilfe (VdgB); mein Vater organisierte sich nicht, war unpolitisch. Aktivisten oder Mitläufer, die nach 1989 schnell als Wendehälse hervortraten, gab es indes auch auf Rügen genügend.

So wurde denn nichts aus meiner Tierarztkarriere, und ich musste mich wohl oder übel für einen anderen Beruf entscheiden. Die Auswahlmöglichkeiten waren damals begrenzt, und so machte ich eine Ausbildung zum »Verkehrskaufmann« – ohne eine Ahnung zu haben, was ich mir darunter vorzustellen hatte. Entscheidend war, dass ich für diese Lehre Samtens den Rücken kehren konnte. So behütet mir meine Kindheit in der Rückschau erscheint, so klar war mir zu diesem Zeitpunkt, dass ich aus der kleinen Welt ausbrechen, meine Neugier und meine vielfältigen Interessen anderswo befriedigen musste. So kam ich nach Schwerin auf eine Internatsschule, um mir alle Kenntnisse anzueignen, die man als »Verkehrskaufmann« braucht. Schwerin – das war ein zarter Duft von Freiheit, das war, endlich, ein Leben in der Stadt!

Sweet sixteen war ich – und voller Tatendrang. Dass sich dieser wenige Monate später auf ganz andere Weise ausleben ließ, ahnte ich nicht, ahnte kaum einer. Der Herbst 1989 brachte das Ende der DDR, und mit einem Mal war nichts wie zuvor. Die manchmal auch beruhigenden Sicherheiten des »sozialistischen« Alltags gab es von heute auf morgen nicht mehr, und zugleich taten sich neue Möglichkeiten auf, die einen unruhigen, tatendurstigen Geist wie mich begeisterten.

Erst einmal jedoch beendete ich brav meine Ausbildung in Schwerin und bestand die Prüfung zum »Verkehrskaufmann« – was ungefähr dem heutigen Ausbildungsberuf einer Kauffrau im Eisenbahn- und Straßenverkehr entspricht. Deren Aufgabe ist es, »im Eisenbahn- und Straßenverkehr Verkehrsdienstleistungen zu planen und zu verkaufen, Transporte im Personen- und Güterverkehr zu organisieren und zu überwachen und bei der Personalplanung und der kaufmännischen Steuerung der Betriebe mitzuwirken«. Das klingt beeindruckend, aber ich bezweifle, dass das für mich die passende Lebensaufgabe gewesen wäre.

Kurzum, als »Verkehrskaufmann« habe ich nie gearbeitet, aber vielleicht hat mir diese Ausbildung doch irgendwie geholfen, später als Buchhändlerin effektiv zu sein: planen, verkaufen, organisieren, überwachen – das alles beschreibt meinen heutigen Alltag recht gut.

DIE LIEBLINGSBÜCHER MEINER KINDHEIT

Alexander Wolkow: *Der Zauberer der Smaragdenstadt* (S. Fischer)

Das ist *Der Zauberer von Oz* mit russischer Seele. Natürlich muss man die ganze *Zauberland*-Reihe (in der Originalfassung!) lesen, eine der erfolgreichsten Kinderbuchserien der DDR.

Als Kind habe ich die gesamten Illustrationen mit Brotpapier am Fenster abgepaust und ausgemalt. Was für eine schöne Erinnerung, denn hätte ich den Text auf einem E-Reader gelesen, wäre er längst vergessen. Abpausen – kein Mensch macht das mehr, aber gerade deshalb hat es sich mir so eingeprägt. Noch heute sehe ich Elli, ein junges Mädchen aus Kansas, ihren kleinen Hund Totoschka, Scheuch, eine Vogelscheuche, die gern Verstand hätte, den Eisernen Holzfäller, dem das Herz fehlt, und den Feigen Löwen vor mir, wie sie gegen die Bösen kämpfen und zusammenhalten.

Benno Pludra: *Lütt Matten und die weiße Muschel* (Beltz)

Ich konnte mich gut in Lütt Matten hineinversetzen, und natürlich haben wir alles nachgebaut und nachgespielt. Auch ich war gern mit den Jungs angeln ... bis ich nicht mehr mitdurfte, nachdem ich die Fische (Plötze und Barsche) alle heimlich wieder ins Wasser zurückgesetzt hatte. Sie taten mir ja so leid ...

Benno Pludra: *Bootsmann auf der Scholle* (Beltz)

Die (An-)Spannung war für mich kaum auszuhalten, ob der kleine Hund Bootsmann gerettet würde. Wir Kinder vom Meer kannten ja die echten Gefahren genau, deshalb war es umso realer und dramatischer, das als Kind zu lesen.

Karel Čapek: *Daschenka oder Das Leben eines jungen Hundes* (Kiepenheuer & Witsch)

Lustige Illustrationen, mit ganz wenigen Strichen aufs Papier gezaubert – die fand ich bereits als Kind wunderbar, und schön war es, in diesem Buch einem Hund beim Heranwachsen, Spielen, Schlafen, Fressen, Trinken und Herumtollen zuzusehen. Čapeks Dosis Abstraktion und seine Selbstironie, die haben mich erst in einem späteren Alter erreicht.

Wladimir Sutejew: *Lustige Geschichten* (LeiV)

Es gibt eine ganze Reihe dieser lustigen Geschichten,
die allesamt Erinnerungen auf der Hollywoodschaukel
wachrufen ... wo wir uns gekringelt haben vor Lachen,
wenn Hündchen Kulli & Co. ihre Abenteuer erlebten.

Erich Schmitt: *Das dicke Schmitt-Buch* (Eulenspiegel)

Was habe ich dieses Buch geliebt! Schon als ich noch
gar nicht lesen konnte, habe ich die Karikaturen ausgemalt. Später liebte ich es noch mehr, manches verstand ich gar nicht, aber was ich verstand, war einfach
nur köstlich.

Nun habe ich mir als Erwachsene wieder ein Exemplar gekauft, das alte war gänzlich auseinandergefallen.
Das Verständnis war nun viel größer, und ich musste
und muss immer noch lachen.

... und natürlich meine geliebten russischen Märchen, die es in vielen schönen Ausgaben gibt.

Ach ja, und dann ist da aus meiner Internatszeit **Patricia
Highsmith: *Carol* (Diogenes)**, das auf Deutsch auch
unter dem Titel *Salz und sein Preis* erschien. Die
19-jährige Therese verliebt sich zum allerersten Mal,
in Carol, eine deutlich ältere Frau ... Heimlich las ich

es mit heißen Ohren unter der Bettdecke. Vorsichtshalber hatte ich *Carol* mit einem anderen Einband versehen; niemand sollte mir auf die Schliche kommen. Eine lesbische Liebe, davon wollte ich niemandem erzählen – damals.

2015 kam die wunderbare Verfilmung mit Cate Blanchett und Rooney Mara in die deutschen Kinos, und die liebe ich genauso wie das Buch!

AB IN DIE FREIHEIT, AB NACH BERLIN

Ab und zu gibt es auch in einer turbulenten Buchhandlung Verschnaufpausen. Dann setze ich mich draußen auf einen der von der Sonne beschienenen Gartenstühle, blicke über den einladenden kleinen Gingster Marktplatz mit seinem rechteckigen Grundriss, trinke einen Kaffee und erfreue mich am Leben. Wie kommt es, dass ich inzwischen so eins mit mir bin? Warum kann ich mir kaum noch vorstellen, meinem Rügen den Rücken zu kehren?

Ich erinnere mich gut daran, wie ich als junge, gerade achtzehn gewordene Frau kein größeres Bedürfnis hatte, als mich von hier zu verabschieden und die Welt – na, sagen wir, ein bisschen Welt – zu erobern. Ja, und hätte ich es damals nicht gewagt fortzugehen und mir Großstadtwind um die Nase wehen zu lassen, wer weiß, ob ich heute so gelassen mein Inselleben führen könnte? Etwas auszuleben und mit diesem Schatz in Kopf und Herz zurückzukehren, das ist etwas ganz anderes, als nie den Schritt hinaus gewagt zu haben.

Berlin! Sofort nach Berlin! Das war für mich keine Frage, als ich meine Ausbildung in Schwerin tapfer hinter mich gebracht hatte. Ich traute mir zu, auf eigenen Beinen zu stehen, und da die Maueröffnung erst einmal alle politischen und geografischen Zwänge weggefegt hatte, gab es für mich kein langes Überlegen. Ein persönlicher Grund kam hinzu: Als Frau mit einer Frau zusammenzuleben, das mag heute eine Selbstverständlichkeit sein, doch das in meinem Dorf zu praktizieren wäre damals eine Unmöglichkeit gewesen.

Was kam, musste kommen – und es gab kein Halten mehr: Ich packte einige wenige Sachen zusammen, schnappte mir meinen ziemlich alten Škoda 120 L und fuhr nach Berlin – wohin sonst? Meine Familie fiel aus allen Wolken – das hatte sie selbst diesem ungestümen Kind nicht zugetraut. Doch nichts hätte mich halten können, und immerhin hatte mir mein Zwillingsbruder Peter vorgemacht, wie das ging: Er lebte bereits in Berlin. Und er war nicht unter die Räder gekommen!

Kaum angelangt, zogen wir durch das Nachtleben und landeten im Ackerkeller, einer Szenebar für Schwule und Lesben in Mitte, die kurz zuvor aufgemacht hatte. Hier sah ich zum ersten Mal mit eigenen Augen, dass das, was ich leben wollte, auch zu leben war. 2009 musste die Bar übrigens schließen, als die Gentrifizierung sich in Mitte ausbreitete und sich die neuen Anwohner in der Ackerstraße am abendlichen Barbetrieb zu stören begannen – am nächsten Tag fuhr ich nach Hause, packte einen Koffer und war endgültig weg.

Wenn ich an diese erste Zeit in Berlin zurückdenke, staune ich selbst über mich. Mein Freiheitsdrang war stärker als alle Bedenken. Pläne, wie ich mich in Berlin durchschlagen wollte, hatte ich mir sowieso keine zurechtgelegt – Hauptsache Hauptstadt, Hauptsache Abenteuer, Hauptsache Freiheit! Kein Arbeitsplatz und keine Wohnung warteten auf mich. Wenigstens hatte ich noch meinen Bausparvertrag gekündigt und mir sechshundert Mark in die Tasche gesteckt – mein Startkapital für das Leben, Teil zwei.

Mein Bruder hatte wohl nicht damit gerechnet, wie ernst es mir war. Und da er – wie mein ebenfalls in Berlin lebender Cousin – bei meiner Ankunft verreist war, musste ich die ersten Tage im Auto schlafen. Wer mein Škoda-Modell vor Augen hat, der weiß, dass es sich um keine elegante, geräumige Limousine mit einladenden Liegesitzen handelte.

Als ich gerade den Sitz umgelegt hatte und mich in eine Jacke vergraben wollte, um nicht zu frieren, klopfte ein Passant an die Autoscheibe. »Wollen Sie Arme etwa die Nacht im Wagen zubringen?«, fragte er kopfschüttelnd.

»Nein, nein«, schwindelte ich. »Ich ruh mich nur kurz aus und muss nachher weiter.«

Mir war es peinlich, in der Großstadt derart aufzufallen, und ich vergrub mich noch tiefer in den Sitz.

Ob mir der besorgte Mann glaubte, weiß ich nicht. Auf jeden Fall entfernte er sich nach einer Weile, und ich hoffte, dass er mit seinem Hund nicht noch einmal vorbeikommen würde.

Es war – das habe ich in leidvoller Erinnerung – höllisch unbequem, die Nacht in diesem Gefährt zu verbringen, und ganz offen gesagt hatte ich als – in den Augen der Berliner – unbedarfte Hinterwäldlerin auch ordentlich Schiss und schreckte hoch, sobald ein Auto hochtourig an meinem vorbeirauschte oder aus irgendeinem Grund hupte. Berlin war riesig, hektisch, laut und fremd – für mich zumindest. »Junge Frau aus dem kleinen Samtens in ihrem Škoda überfallen« – in dunklen Augenblicken sah ich solche Zeitungsüberschriften vor mir ... und dachte an meine arme Mutter, der ich davon (und von vielem anderen) natürlich nichts erzählte.

Um mich zu beruhigen und die Nächte durchzustehen, kaufte ich mir eine Flasche Berentzen-Apfelkorn-Likör – frei nach Wilhelm Buschs »Wer im Škoda schläft, hat auch Likör« ... Der half, immerhin.

Zum Glück verbesserten sich meine Logisverhältnisse allmählich. Ich schlief bald bei Bekannten auf dem Fußboden und eine Zeit lang bei meinem Bruder – komfortabler allemal, als sich zusammengepfercht im Auto von links nach rechts zu wälzen und zu versuchen, das Knie nicht gegen den Schaltknüppel zu rammen.

Je länger ich in Berlin war, desto unübersehbarer wurden allerdings die Probleme: Irgendwie musste ich, zum Teufel, mein Geld verdienen, denn reumütig nach Rügen zurückzukehren, das kam nicht infrage.

Um mich in Berlin anzumelden, brauchte ich Arbeit – um in Berlin Arbeit zu finden, musste ich angemeldet sein ... Kurzum, ich überlegte nicht lange und versuchte, mich mit Jobs über Wasser zu halten. Was es mir dann tatsächlich ermöglichte, meine allererste Wohnung in Berlin zu beziehen – mein Glück schien vollkommen. Wichertstraße 52, zweiter Hinterhof, Parterre, lautete die Adresse meines Palastes, Prenzlauer Berg, zwischen Schönhauser und Prenzlauer Allee gelegen. Aus heutiger Sicht war die Wohnung ein ärmliches Loch, in das kaum Licht drang. Wollte ich wissen, was für ein Wetter war, musste ich in den Hinterhof gehen, um einen Blick auf den Himmel zu erhaschen.

Immerhin verfügte mein Domizil auch über »Luxuselemente«: Ich besaß eine Innentoilette, was damals eine Seltenheit war, denn aufgrund der Bauvorschriften für Toiletten gab es in vielen Berliner Mietshäusern nur Außenklos auf halber Treppe.

Die Möbel holte ich mir allesamt vom Sperrmüll; mein grünes Sofa hatte nur zwei Beine, die fehlenden wurden durch Bücher ersetzt ... Was anderen schäbig erschienen sein mag, war für mich ein Paradies. Eine Wohnung für mich allein, das bedeutete Freiheit und Unabhängigkeit.

Bald trugen sich die engsten Rügener Freunde, Oskar und Hörnchen, auch mit dem Gedanken, den Sprung nach Berlin zu wagen. So wohnten wir dann zeitweise zu siebt im Hinterhof der Wichertstraße.

Wie locker wir es nahmen, wenn wir uns nachts auf Matratzen fast stapelten und morgens der Ruf »Bad ist frei ...« zu einem Massenansturm führte! Heute könnte ich so wohl nicht mehr leben, würde mir meine Intimsphäre fehlen. Vielleicht wird man ja im Lauf der Jahre verletzlicher und ist stärker darauf angewiesen, sich in eine Schutzhülle zurückziehen zu dürfen. Damals spielte das hingegen keine Rolle, wir freuten uns an jedem Tag und an jeder Nacht, erwarteten uns alles vom aufregenden Großstadtdasein, quatschten stundenlang und machten Pläne. Wenn einem die Welt gehörte, konnte man es bequem zu siebt in einer Wohnung aushalten – es war herrlich!

Ehrlich gesagt, habe ich diese Phase intensiv genossen und mir um das Morgen kaum Gedanken gemacht. Nicht wenig Zeit ging dabei drauf, diese zu vertrödeln und mich im aufregenden Berliner Nachtleben umzusehen. Nicht weit von meiner Wohnung entfernt gab es in der Erich-Weinert-Straße einen der ersten Schwulen-und-Lesben-Szenetreffpunkte am Prenzlauer Berg, die Bar Stiller Don. Vor Kurzem fand ich im Internet einen Bericht aus dem Jahr 1992, der diese außergewöhnliche Lokalität beschreibt. Es heißt da: »Als ›kritisch und komisch‹ bezeichnen sie sich selbst, die Betreiber des Stillen Don. Damit meinen sie wohl auch diejenigen, die täglich den Weg in die Erich-Weinert-Straße 67 nehmen, um als breiter Strom im Stillen Don zu münden. An der ab 19 Uhr für alle geöffneten Tür steht Kneipe, und so ist Bier das durchaus am meisten georderte Getränk. Grölende Saufbrüder allerdings wird man hier selten finden, eher ›fein- und kunstsinnige‹ Intellektuelle mit einem Hang zum Rustikalen.«

Als »Stätte des freundschaftlichen Gesprächs mit Freunden und solchen, die es werden könnten« galt die Bar damals, und dass vor allem – aber nicht nur – Schwule und Lesben dort verkehrten, hat mir natürlich gefallen. Zudem war es für meinen Geldbeutel eine Erleichterung, dass man im Stillen Don riesige Portionen zu erschwinglichen Preisen bekam. Nach 21 Uhr drängten sich Menschenmengen in die Bar, Sitzplätze gab es dann keine mehr.

Den Stillen Don gibt es heute übrigens immer noch; die Besitzer haben gewechselt, und aus der Szenekneipe scheint eher eine klassische Kiezkneipe geworden zu sein. Es wird Zeit, dass ich Rügen mal wieder für ein Wochenende den Rücken kehre und mich mit nostalgischen Gefühlen in der Erich-Weinert-Straße umsehe. Vielleicht haben meine Kunden ja mal Lust auf einen Betriebsausflug nach Prenzlauer Berg. Die Literatur hat da schließlich immer eine große Rolle gespielt. Kneipenlesungen zu organisieren, das wäre vielleicht auch mein Ding gewesen.

Die Berliner Zeit hat natürlich meinen literarischen Horizont erweitert. Dadurch, dass ich in einem völlig anderen sozialen Umfeld lebte, geprägt vor allem von Frauen, die allesamt älter waren als ich, las ich plötzlich ganz andere Bücher. Die Werke von Autorinnen und Autoren, die ich vorher kaum oder gar nicht kannte, lagen nun auf meinem Nachttisch und trugen, wenn man es so sagen möchte, unweigerlich zu meiner »Selbstfindung« bei.

Wer waren meine neuen Heldinnen und Helden? Christa Wolf etwa mit *Kindheitsmuster*, Franz Kafka,

Ingeborg Bachmann, Hermann Hesse, Stefan Aust mit seinem *Der Baader-Meinhof-Komplex,* Dostojewski, Simone de Beauvoir, Rita Mae Brown und viele, viele andere.

Auch das Kino wurde zu einem meiner Lieblingsaufenthaltsorte. Jon Avnets *Grüne Tomaten* oder Patricia Rozemas *Wenn die Nacht beginnt* zählen bis heute zu meinen Leinwandfavoriten – Filme, die man in einer entscheidenden Lebensphase sieht, vergisst man, so scheint es mir, nie mehr.

Soll ich noch erwähnen, dass sich in dieser Zeit auch die Bandbreite meiner Getränkevorlieben erweiterte, dass ich liebend gern Southern Comfort trank, diese Art Whiskeylikör, der nach Pfirsich, Zimt, Schokolade und was weiß ich roch? Besser nicht, sonst heißt es noch, das sei typisch für eine Pflanze aus dem Osten.

Frei, ungebunden und verrucht – so habe ich mich damals gefühlt. Was mich freilich nicht davon befreite, für meinen Lebensunterhalt zu sorgen. Auf einen Job als Verkehrskauffrau hatte ich, wie gesagt, keine Lust. Stattdessen fand ich mit einem Mal die Vorstellung reizvoll, irgendwann ein kleines, charmantes Hotel zu führen. Dinge in die Hand zu nehmen und zu managen, das traute ich mir zu. So machte ich an der Berliner Hotelakademie einen Abschluss in Hotelmanagement, doch wie das damals bei mir so war: Das Interesse an der Hotellerie erlosch alsbald, und so blieb ich auch in diesem Metier eine »Frühvollendete«.

Um mich über Wasser zu halten, verdiente ich mir mein Geld, wo immer sich eine Chance auftat. Ich jobbte im Stillen Don, arbeitete im Friedrichstadt-Palast, auf einem Theaterschiff, bei einem Stuckateur, in einer Tierarztpraxis ... quasi als Erinnerung an meinen ersten Berufswunsch.

So tauchte ich in mir völlig fremde Szenen ein und sog gierig alles auf. Verstand manchmal nichts von dem, worüber die anderen sprachen, zum Beispiel, wenn es um Philosophie, Psychologie oder um Kunst ging. Ich kam ja vom Dorf, das darf man nicht vergessen, war im Pferdestall zu Hause gewesen und hatte folglich von fast nichts eine Ahnung – von Wissen ganz zu schweigen.

Ein Beispiel ist mir noch heute sehr präsent, eine Szene, die mir damals schrecklich peinlich war: Wir saßen an einem ausladenden Esstisch, eine große Runde, alle waren zehn, zwanzig Jahre älter als ich. Es ging mal wieder um Politik. Bei uns waren Frauen, die wegen Republikflucht eingesessen hatten. Bis dahin kannte ich niemanden von »denen«, fand das alles aber sehr spannend und subversiv.

Ich spitzte die Ohren und hörte ihren aufregenden Erzählungen zu. Von welchem Land redeten die da? Wirklich von der DDR? Bis sich plötzlich eine mir zuwandte, der scheuen jungen Frau, die alles aufnahm und schwieg: »Und wie ist es dir ergangen in deiner Jugend? Wie hat man dich fertiggemacht?«

Ich stotterte vor mich hin, wusste fast nichts zu sagen. Bis auf das Abitur, das mir verwehrt worden war, hatte ich kaum Berührungen mit dem Staatsapparat gehabt. Und so rutschte mir verhängnisvollerweise ein »Ich fand es eigentlich ganz schön« heraus.

Ups. Am Schweigen, das sich über unseren Köpfen ausbreitete, bemerkte ich meinen Fehler oder besser: meine Naivität. Aber für mich persönlich stimmte das ja! Mehr als mein Zuhause im entlegenen Rügen, den Pferdestall und die Schule hatte ich nicht zu Gesicht bekommen. Was um alles in der Welt hatte ich denn mit Berlin, dem SED-Staat und Republikflucht zu tun? Nichts, dachte ich mir …

Auf diese Weise lernte ich schnell, dass es viele Wahrheiten gab, die alle ihre Berechtigung hatten. Vor allem aber begriff ich, wie wichtig es war, zuzuhören und so eine enorme Vielfalt an individuellen Lebensformen kennenzulernen. Wie unterschiedlich die Menschen, je nach Alter und Herkunft, die DDR erfahren hatten, und wie dumm es war, den eigenen Standpunkt absolut zu setzen.

Diese Erfahrungen brachten mir auf praktische, nicht theoretische Weise nahe, was Toleranz ist und was es heißt, jede frei gewählte Lebensart zu respektieren. Mir sind die »einfachen« Leute, die das Herz am rechten Fleck haben, genauso lieb wie exzentrische Paradiesvögel, die mit dem bürgerlichen Leben nichts zu tun haben wollen. Von beiden steckt etwas in mir. Unsere

Esstisch-Diskussionen und die Erlebnisse, die ich bei meinen Jobs hatte, haben mein Verständnis der Menschen erweitert – eine Erfahrung, die mich geprägt hat und mir übrigens auch als Buchhändlerin zugutekommt.

Besonders spannend fand ich eine Gruppe von Frauen, die im Prenzlauer Berg eine kleine linke Druckerei aufbauten. Ich bewunderte ihren Einsatz und ihren Willen, aus eigener Kraft etwas zu erschaffen, ihr eigenes Ding durchzuziehen. Leider gibt es diese wunderbare Druckerei schon lange nicht mehr … Durch die Arbeit an der Bar im Don oder im Friedrichstadt-Palast kam ich auch in Kontakt mit interessanten Künstlerinnen. Je länger ich mich in der Szene herumtrieb, umso besser war ich bald in der Lage, das Falsche vom Echten zu unterscheiden, die Aufschneider und Blender von denjenigen, die wirklich etwas darstellten und zu sagen hatten. Am Anfang aber war das gar nicht leicht.

Kurzum, ich kostete die Möglichkeiten der Freiheit aus und stolperte von einem Unterfangen ins nächste. Auf das von heute aus gesehen Naheliegendste kam ich jedoch nicht: Denn obwohl ich ständig las, blieb es außerhalb meiner Vorstellung, damit Geld zu verdienen, Buchhändlerin zu werden … bis sich eines Tages eine erste Chance bot, in dieses Metier einzutauchen.

Über Bekannte kam ich zu einem Aushilfsjob in einer Buchhandlung, genauer: in der 1992 gegründeten (heute leider nicht mehr existierenden) Käthe-Kollwitz-Buchhandlung in der Danziger Straße/Ecke Senefelderstraße,

Prenzlauer Berg. »Bücher sind Lebensmittel« stand über den Schaufenstern des Ladens – ein Satz, der inzwischen mein eigenes Motto sein könnte.

In Berlin freilich sollte ich es nicht zur Buchhändlerin und schon gar nicht zur Besitzerin eines Buchladens bringen. Die Großstadt und ihr Szeneleben auszukosten, war für mich ungeheuer wichtig und inspirierend, und wer dieses Kapitel meines Lebens nicht kennt, versteht mich nicht.

Ende der 1990er-Jahre spielte meine Gesundheit dann nicht mehr mit. Ich wurde krank, doch was mir genau fehlte, konnten die Ärzte lange nicht sagen. Ich fühlte mich schlapp, ohne Energie. Nach einer Weile stand eines fest: Ich musste und wollte mein Leben ändern ...

RÜGEN, HAMBURG … UND ENDLICH WIEDER RÜGEN

So sehr ich das Großstadtleben, die Berliner Szene und die unglaublich schnell vorangetriebenen Veränderungen in jenen Jahren mit allen Sinnen aufnahm, so sehr hatte ich unterschätzt, was mich alles mit meiner Herkunft verband. Die Geschwindigkeit der Stadt und deren – trotz meiner vielen Freund- und Bekanntschaften – zunehmende Anonymität belasteten mich zusehends, ja, fraßen mich auf. Ganz nah stand mir niemand. Ich zog deshalb die Reißleine und verschwand nach knapp zehn Jahren so schnell aus Berlin, wie ich damals hergekommen war. Wo ich dauerhaft Ruhe erlangen und was ich genau machen wollte, das wusste ich nicht. Erst einmal hatte ich mir eine Auszeit auf Rügen verordnet – inmitten der Strände, Felder, Wiesen und Tiere, die mir in Berlin gefehlt hatten.

Dieser Schritt kam abrupt ... und er hatte weitreichende Folgen. Kaum war ich 2000 nach Rügen zurückgekehrt, um eine Verschnaufpause einzulegen, sollte in Gingst, das ich natürlich aus meiner Jugend gut kannte, eine Buchhandlung eröffnet werden. Der Inhaber, den ich zuvor – natürlich! – im Pferdestall kennengelernt hatte, sprach mich an und fragte, ob ich mir vorstellen könne, mit ihm den Laden aufzubauen. Ich überlegte nicht lange, sagte zu und arbeitete plötzlich in einem Beruf, den ich nicht auf klassische Weise erlernt hatte. Das kam überraschend für mich, doch ich stürzte mich mit Feuer und Flamme in diese neue Aufgabe. Zwei

Jahre war ich dann an Bord und führte den kleinen Buchladen weitgehend selbstständig.

So schön es war, wieder auf Rügen zu sein, so schnell spürte ich jedoch, dass ich noch nicht reif war für die Insel. Zu heftig brodelte weiterhin in mir eine große Neugier, eine nicht zu bändigende Entdeckerlust, und wohl deshalb konnte ich nicht anders, als ein Angebot anzunehmen, das ich aus Hamburg erhielt. Ein 1928 gegründetes Familienunternehmen, das über mehrere Filialen im Hamburger Raum verfügt, lockte mich an die Elbe, und auch diesem zweiten Ruf einer Großstadt wollte ich mich nicht entziehen. »Sie sind eine Selfmadefrau, darum wollen wir Sie!« – dieser Satz, der beim Vorstellungsgespräch in Hamburg fiel, schmeichelte mir.

Ich wohnte im quicklebendigen Stadtteil Altona und machte in Eimsbüttel meine ersten Schritte in einer Buchhandelskette. Es gefiel mir in der Filiale in der Osterstraße, und offenbar gefiel den Verantwortlichen meine Umtriebigkeit. Man schlug mir vor, die Filiale in Hamburg-Bergedorf zu übernehmen – ein Angebot, das ich nicht ablehnen konnte. Bis 2008 leitete ich diese Dependance. Das eher konservative Bergedorfer Publikum entsprach mir zwar nicht so wie das bunt gemischte Eimsbüttler, das mich in seinem unkonventionellen Auftreten ein wenig an die Prenzlauer-Berg-Szene der 1990er-Jahre erinnerte, doch an Ideen, das Sortiment auf neue Weise zu präsentieren oder für mediale Events zu sorgen, mangelte es mir in Bergedorf nicht.

So geschah es, dass ich die Ordnung im Laden komplett auf den Kopf stellte, die Ramschangebote nach hinten und die aktuelle Belletristik nach vorn räumte. Als *Harry Potter*, Teil 3, erschien, plante ich, ohne mich mit der Geschäftsleitung oder dem Pressesprecher abzustimmen, kurzerhand eine Mitternachtsverkaufsparty in Bergedorf und kontaktierte die Zeitungs- und Rundfunkvertreter selbst. Warum nicht alles allein in die Hand nehmen? Das ging doch viel schneller und effizienter ...

Vielleicht waren es ja zu viele und zu spontane Ideen, die ich, wie es meine Art war und ist, eigenständig umsetzte ... Ein solches Maß an Eigeninitiative war man jedenfalls in der Führungsspitze wohl nicht gewohnt. Das gefiel ihr auch nicht immer, und wahrscheinlich waren es diese Kollisionen, die mich letztlich darin bestärkten, lieber Herr beziehungsweise Frau im eigenen Haus zu werden.

Mich ständig abzusichern und Rücksicht nehmen zu müssen, das bekommt mir auf Dauer nicht. Je größer eine Buchhandlung, desto stärker der Blick auf Bestseller und Umsatzsteigerung – egal mit welchen Titeln. Das behagte mir ganz und gar nicht. Zudem war ich als Filialleiterin gezwungen, Personalentscheidungen zu treffen, die meinem Naturell und meinen Werten widerstrebten. Ich musste mit Kolleginnen über ihre Kündigung sprechen, für deren finanzielle Situation eine derartige

Entscheidung eine Katastrophe war. Das raubte mir nachts den Schlaf; mein soziales Gewissen klopfte zu laut. Als Filialleiterin hatte ich auch immer weniger mit Büchern zu tun, musste mich vor allem ums Management kümmern und stand zwischen meinen Mitarbeitern und der Geschäftsführung – eine Position, die mir nicht lag.

Berlin, Hamburg – das waren allerdings Erfahrungen, von denen ich keine missen möchte, und dennoch fehlte mir zum Glück offenbar etwas ganz Entscheidendes: das Meer. Ja, ich weiß, dass es möglich ist, eine Brise Seeluft aufzuschnappen, wenn man in Hamburg an den Landungsbrücken steht und der Wind günstig weht. Mir genügte das aber nicht, ich brauchte starke Brisen im Gesicht, und so überfiel mich eines Morgens der Entschluss, die Hamburger Station kurzerhand zu beenden und Bergedorf Bergedorf sein zu lassen.

Ich wollte, nein, ich musste zurück ans Meer, zurück nach Rügen. Dass gleichzeitig eine Liebesbeziehung gerade in die Brüche gegangen war, machte die Sache leichter. Wenn schon Brücken abbrechen, dann alle. Warten konnte und wollte ich nicht, und so folgte ich meinem Bauchgefühl, kündigte schnurstracks und packte meine Siebensachen. Rügen, du hast mich wieder! Ob es mir die Insel danken würde?

Seit 2008 lebe ich nun also wieder auf Rügen, und manchmal staune ich selbst über mich. 15 Jahre zuvor hätte ich gelacht, wenn man mir eine Zukunft als Landei prophezeit hätte. Doch offensichtlich hatte ich mich mit meinem Berliner Partyleben, das für drei gereicht hätte, genügend ausgetobt, und offensichtlich musste ich ein gewisses Alter erreichen, um zu begreifen, was für mich wichtig ist. Plötzlich empfand ich eine unbestimmte, aber dringliche Sehnsucht, irgendwo verlässlich anzukommen – und nicht von dem Gefühl geplagt zu werden, in der großen weiten Welt etwas zu verpassen. Das Unverbindliche der Großstadt entsprach mir auf Dauer nicht. Ich brauche feste soziale Bindungen, ich brauche eine Heimat, und ich brauche das Meer.

Wasser und Himmel schaffen eine einzigartige Stimmung, deshalb ist es auf Rügen zu jeder Jahreszeit faszinierend schön, besonders im Winter. Da ist ein grandioses Licht, der Geruch des Meeres und vor allem des Boddens. Das Meer erzeugt in mir Ruhe und Frieden, besonders wenn es braust und tobt, fühle ich mich zu Hause, ganz bei mir. Nach einem anstrengenden, langen Tag im Buchladen während der Hauptsaison ist es wunderbar, in das kalte Wasser zu tauchen, nur noch den Kopf herauszustrecken und über die Oberfläche zu schauen, den Strand im Rücken. Wie einmalig schön das ist!

Wenn mich Leute fragen, was mir an Rügen und den Rüganern vor allem gefällt, muss ich nicht lange überlegen. Ich mag diesen manchmal rauen Menschenschlag, dieses Unverstellte, dieses Geerdete. Ehrlich, geradlinig und zuverlässig – so kommen mir die meisten

Menschen hier vor, und selbst die Touristen werden schnell von dieser besänftigenden Inselwirkung infiziert. Sie scheinen nach wenigen Tagen zur Ruhe zu kommen, zum Beispiel, wenn sie samstags über den Grünen Markt am Gingster Handwerksmuseum schlendern. Dieser klassische Wochenmarkt setzt auf traditionelles Handwerk und auf ehrliche, regional typische Produkte. Gemüse, Strickwaren, Fischbrötchen und antiquarische Bücher gibt es da. Ein alter Mann verkauft Essiggurken aus einem großen Tontopf, fünfzig Cent das Stück. Große Geschäfte macht er keine, aber er hat seinen Stammplatz an einem wackligen Holztisch, und nicht wenige Besucher bringt dieser rührende Anblick dazu, ihre Liebe zu Essiggurken neu zu entdecken.

Natürlich bringt es der Wochenmarkt mit sich, dass die Touristen eigens nach Gingst aufbrechen, um dem Trubel in Binz oder Sassnitz zu entkommen. Ein Besuch des Marktes, ein Mittagessen in einem der Gasthäuser vor Ort, ein Stöbern im guten Weinsortiment der Alten Post ... und dann ein Abstecher zu mir, um sich für die Abende in der Ferienwohnung mit Lektüre einzudecken. Und natürlich ein Einkauf in Lothar Seewalds Regionalwarenladen, der sich schräg gegenüber der Buchhandlung in einem denkmalgeschützten Haus befindet. Ein großartiges Angebot gibt es da, überwiegend in Bioqualität, dazu schöne und nützliche Dinge aus der Töpferei, die Lothars Frau Roswitha betreibt. Rügener Rapsöl, Konfitüren von der weithin bekannten Sanddornhexe,

Joghurt von der Inselmolkerei, edle Brände von der ersten Rügener Edeldestille, Wolle von der Schäferei aus dem Inselteil Mönchgut, Bioeier von Bauer Thom, frisch geröstete Kaffeesorten der Rösterei Rost, sogar Lupinenkaffee von Rügener Feldern, Biowurst, Speck und Schinken, Schafskäse, Ziegenkäse, Käse aus Kuhmilch und viele Sorten Senf aus der Senfmühle Schlemmin, Blütentees, selbst gemachte Ketchups, Chutneys ... ich komme aus dem Staunen nicht heraus, wenn Kunden aus Lothars Laden zu mir kommen und ich einen Blick in ihre prall gefüllten Tüten werfe. Was es da alles zu kaufen gibt, unglaublich. Wäre ich selbst eine Rügen-Besucherin mit viel Zeit zum Müßiggang, würde ich mir an jedem Sommertag bei Lothar einen Milchkaffee bestellen und mich in den kleinen Garten hinter dem Laden zurückziehen. Neben mir säßen Familien, die diese Oase der Gelassenheit für sich entdeckt haben, ein Junge würde eine Apfelschorle trinken und einen der köstlichen Jojo-Kekse genießen, jemand würde ein Zigarillo rauchen und nicht auf die Uhr schauen ... wenn ich nur mehr Zeit zum Nichtstun hätte!

Ja, so vielfältig ist mein Rügen, mein kleines Gingst, mit nun 46 Jahren bin ich angekommen. Lange habe ich gesucht, ohne zu wissen, was ich suchte. Umso schöner, dass ich fündig geworden bin.

Rügen ist – das überrascht viele, die zum ersten Mal hier sind – eine große Insel mit sehr unterschiedlichen

Perspektiven. Um von Westen nach Osten zu kommen, gilt es, ordentliche Strecken zurückzulegen, und vor allem in den Sommermonaten braucht es Geschick, um dem Touristenansturm auszuweichen.

Rügen ist für mich inzwischen zum idealen Arbeits- und Ruheort geworden. So oft wie möglich versuche ich, freie Zeit draußen zu verbringen, im Garten oder am Meer. Als Einheimische kenne ich die ruhigen Flecken, die den Touristen verborgen bleiben. Reiten, paddeln, schwimmen, surfen, Fahrrad fahren, mit dem Kanu hinüber nach Hiddensee – vieles lässt sich auf Rügen anstellen, und je länger ich hier lebe, desto weniger vermisse ich das umtriebige Stadtleben und seine negativen Begleiterscheinungen. Zudem hat die Insel kulturell einiges zu bieten und verfügt über eine tolle Kleinkunstszene. Dass es auch Pseudokünstler und Snobs nach Rügen verschlägt, stört mich wenig. Die ignoriere ich einfach.

Rügen ist vielfältig, und natürlich gibt es Orte, in denen ich nicht leben möchte. Wenn die Hauptsaison anbricht, ist auf den Straßen oft kein Durchkommen mehr, steht man im Stau, um an den Strand zu gelangen. Binz oder andere Regionen der Ostküste, das wäre nichts für mich, und deshalb bin ich so froh, im beschaulichen Westteil der Insel, in Gingst, leben zu dürfen.

Gingst ist kein am Reißbrett entworfenes Feriendorf, sondern ein uraltes Angerdorf, das auf eine lange Handwerkertradition zurückblickt und umschlossen ist von den Inseln Ummanz und Hiddensee. Natürlich kommen auch Tagestouristen nach Gingst, doch vielen bietet das Dorf zu wenig Attraktionen, zum Glück. Abends sind wir wieder unter uns, genießen die Stille. Gingst verfügt über eine intakte Infrastruktur, über kleine Läden, die alles bieten, was man braucht. In der St.-Jakobi-Kirche finden Konzerte statt, der Museumshof mit seinem Café ist eine beliebte Anlaufstelle, und zum originellen Surfhostel auf Ummanz ist es nicht weit, von feinen Restaurants wie Schillings Gasthof in Schaprode oder der Alten Schule Gagern ganz zu schweigen.

Der Gingster Zauber hat mich irgendwann gepackt. Am Fuß der Kirche eine Buchhandlung zu betreiben, mich eins zu wissen mit Menschen, für die Taten mehr als Worte zählen – das ist bis heute meine allerbeste Gesundheitsvorsorge. Wer leidenschaftlich einer geliebten Arbeit nachgehen darf, wer von Freunden umgeben ist und wer die Natur aus der Nähe erfährt, der hat es nicht schlecht erwischt. Ach ja, und ehe ich es vergesse: Zum Lebensglück gehört für mich das Liebesglück dazu.

Ja, und genau damit war es bei meiner Rückkehr nicht zum Besten bestellt. Ich hatte in meinen »wilden« Jahren einige Beziehungen, mit den Aufs und Abs, die unumgänglich sind, wenn man vom Leben und von der Liebe einiges erwartet. Eine Zeit lang habe ich, einer Beziehung wegen, sogar in Amsterdam gelebt ... aber das ist eine andere Geschichte.

Als ich nach Rügen zurückkehrte, war ich Single –
und mir durchaus bewusst, dass es nicht einfach sein
würde, diesen Zustand zu beheben. Mit Mitte dreißig
auf dem Singlemarkt auf Rügen fündig zu werden, das
war kein einfaches Vorhaben – zumal, wenn man als
Frau eine Frau sucht. Zum Glück gab mir eine Berliner
Freundin den Rat, mich im Internet umzusehen, auf
einschlägigen Partnerschaftsportalen. Ich zögerte: Im
Internet, das für mich Neuland war, eine Partnerin
finden, wo ich nicht mal ein Handy besaß? Passt das zu
mir? Sind da nicht komische Leute unterwegs, die sich
selbst so beschreiben, als wären sie Models, Filmstars
oder zumindest wohlhabende Versicherungsmakler?
Und wollte ich wirklich im Internet etwas von mir
preisgeben?

Irgendwann jedoch zögerte ich nicht mehr, setzte
mich an einem Samstagabend mit einer Flasche Wein
aufs Sofa und begann, mich vorsichtig auf diesen
Portalen umzusehen. Hibbelig und nervös, als würde
mir jemand kopfschüttelnd dabei zusehen. Und da – ja,
ich weiß, es ist wie in einem schlechten Film! – sah ich
sie plötzlich, eine Frau, die mir sofort als die Richtige
erschien, eine Frau, die ich heiraten wollte. Lachen
Sie nicht! Manchmal gibt es solche Blitzeinschläge der
Liebe, denen man hilflos ausgeliefert ist. Wahrscheinlich waren es ihre sanften, gütigen Augen, die mich
nicht mehr losließen, ja, es waren ihre Augen, die Vertrauen einflößten, die ...

Ich schickte der Fremden aus dem Netz eine Nachricht, und sie antwortete, ohne zu zögern. Lange korrespondierten wir auf diese elektronische Weise; sie kam aus Luckenwalde bei Berlin. Der Wunsch, einander persönlich kennenzulernen, ließ sich nicht lange aufhalten. Ich hatte eine Karte für ein Leonard-Cohen-Konzert in der damaligen O_2 World in Berlin und schlug ihr ein gemeinsames Frühstück an diesem Tag vor.

Das Datum werde ich nie vergessen, den 3. und 4. Oktober 2008. Wir trafen uns, und ich verliebte mich sofort in sie ... Beate war so charmant schüchtern, das genaue Gegenteil von mir, diesem nicht zu stoppenden Energiebündel. Am 5. Oktober frühstückten wir gleich noch einmal zusammen ... Leonard Cohens *Suzanne* und *Bird on the Wire* höre ich bis heute sehr gern, es sind Songs, die mein Leben in gewisser Weise umgestürzt haben. Romane und Gedichte hat dieser kanadische Sängerpoet übrigens auch geschrieben, gut geeignet für mein Sortiment.

Mittlerweile sind Beate und ich über zehn Jahre zusammen – und fast verheiratet. Für September 2015 hatten wir nämlich bereits die Hochzeitseinladungen verschickt, doch leider musste die Feier ausfallen, da meine Mutter eine Woche zuvor einen schweren Herzinfarkt erlitten hatte. Inzwischen ist Mutti wieder auf der Höhe, und Beate und ich werden die Hochzeit bald nachholen, wahrscheinlich ganz verschwiegen am Strand auf Hiddensee. Obwohl ein rauschendes Fest mit allen Freunden auch nicht schlecht wäre ...

Beate und ich ergänzen uns wunderbar. Sie weiß mein manchmal aufbrausendes Temperament geschickt zu zügeln und bildet den ruhenden Pol in unserer Verbindung. Ohne Beate wüsste ich nicht, wie unser Alltag zu wuppen wäre. Sie arbeitet als Pharmazieingenieurin in einer Bergener Apotheke und ist überdies unersetzlich in meinem Buchladen, vor allem, wenn es um die Vorbereitung und Durchführung unserer vielen Lesungen geht. Zudem hat Beate mindestens zwei grüne Daumen und sorgt mit ihren Kochkünsten dafür, dass ich nicht vom Fleisch falle. Mit mir ist am Herd nämlich gar nichts anzufangen.

So ist mein Glück auf Rügen nahezu vollkommen, wie mir scheint. Was nicht heißt, dass ich die Insel verkläre und nicht auch deren Schattenseiten sehe. Mein Rügen leidet seit Jahren unter den Auswirkungen des Massentourismus. Vor allem an der Ostküste werden rücksichtslos neue Feriensiedlungen hochgezogen – ohne dass man sich groß um die Belange der Natur kümmern würde. Der Kommerz regiert Rügen, und dem schnellen Geld wird vieles untergeordnet. Schon der Bau der neuen Bundesstraße 96 – der erste Spatenstich im Realisierungsabschnitt Altefähr-Samtens erfolgte 2011 – war ein gewaltiger Eingriff in die Natur und in meinen Augen überflüssig, da dadurch die Staus nur verlagert wurden. Wenn dieses einseitige Profitdenken anhält, läuft Rügen Gefahr, seinen Reiz zu verlieren. Dagegen müssen alle ankämpfen, die nicht nur Eurozeichen in den Augen und steigende Touristenzahlen im Kopf haben.

Letztlich geben mir solche Kämpfe, so anstrengend sie auch sein mögen, neue Kraft. Glücklicherweise bin ich mit einem starken Durchhaltewillen gesegnet, und obwohl ich bisweilen abends völlig erschöpft ins Bett sinke, füllen sich meine Energietanks rasch wieder.

Und Kraftanstrengungen waren ja in der Tat auch nötig, um das Projekt »Mein Buchladen auf Rügen« durchzuziehen und meine Buchhandlung zu dem zu machen, was sie heute ist. Von nichts kommt nichts.

MEINE LIEBLINGSPLÄTZE AUF RÜGEN

Ummanz – Surfhostel

Sehr nette Leute, leckere Cocktails, tolle Konzerte und Sonnenuntergänge. Was es dort zu hören gibt? Zum Beispiel jeden Sonntag in der Saison: Summer-Sunday-Session-Blues, Rock, Weltmusik, Reggae, Rocksteady, Rock 'n' Roll ... Hier treffen wir viele Stammkunden aus dem Laden, Einheimische und Gäste, die Surfen und Lesen gern miteinander verbinden, die entspannen, auf gute Musik stehen ... Übrigens habe ich hier surfen gelernt.

Reiterhof Margitta & Kirsten Wiktor in Zubzow bei Trent

Hier ist alles ursprünglich, kein teurer verkitschter Reittourismus.

Man lernt hier richtig zu reiten, aber auch anzupacken. Das Turnier am Muttertag im Mai ist Pflicht.

Vaschvitz am Meer – unser Zuhause

Was es damit auf sich hat, steht an anderer Stelle in diesem Buch!

Schaabe

Badespaß pur in der Ostsee. Ein wundervoller Strand, abends am schönsten. Dann ist es dort leer, und man ist unter sich. Im Winter kann man hier wunderbar am Strand laufen.

Museumshof Gingst

Am Samstagmittag trifft man sich dort und schwatzt mit allen und jedem. Am Stand von Elke Neugebauer – sie macht das beste Essen der Welt! – ist alles frisch und bio. Wenn ich an ihre Gemüsesuppe denke, eine Minestrone der feinsten Art, läuft mir das Wasser im Mund zusammen. Manche fahren, glaube ich, nur wegen dieser reichhaltigen Suppe nach Gingst. Und mit essbaren Blumen wird sie auch noch garniert!

Mönchgut

Mönchgut ist unbeschreiblich toll – wenn man zur richtigen Zeit dort ist. Der naturbelassene Südstrand von Thiessow befindet sich circa zweihundert Meter von der Waldschlucht am Lotsenturm entfernt. Hier können Vierbeiner ausgelassen toben und sich im Wasser abkühlen. Man kann fantastisch Rad fahren, wandern oder eben am FKK-Strand baden und den Hunden beim Toben zusehen. Das ist Entspannung pur für mich.

Nordstrand

Wilder Strand mit vielen Steinen. Wer direkt ans Wasser fahren will, für den ist das nichts. Hier wandert man, sucht und findet Fossilien. Das Meer ist hier am rauesten und kältesten – wunderbar.

Alte Schule, Gagern/Westrügen

Der Betrieb der Familie Herbst, im zu Kluis gehörenden Gagern gelegen, hat für mich die beste Küche der Insel. Eine kleine Karte, alles regional, mit fangfrischem Dorsch oder Wild aus dem benachbarten Forst. Hier probiere ich sogar Dinge, die ich sonst nicht esse. Vorzügliche Küche, sehr netter Service.

Schillings Gasthof, Schaprode

Zum leckeren Burger Scharfer Spanier und zu einem Bier lade ich Beate immer ein, wenn ich eigentlich Küchendienst hätte ... Seit vier Generationen ist das bestens besuchte Restaurant (mit angeschlossenem Hofladen) in Familienbesitz. Endet für Familie Schilling der vor allem in der Saison rege Arbeitsalltag, strebt man nach Hause – mit dem Boot. Denn Schillings wohnen einen Steinwurf weit entfernt auf ihrer Insel, der Insel Öhe, wo sie eine Rinderzucht (mit den Rassen Blonde d'Aquitaine und Limousin) mit rund 150 Tieren betreiben. Je nach Verfügbarkeit stehen so, neben Hiddenseer Kutterfisch, auch Burger und Steak vom Öher Rind auf der Schilling'schen Speisekarte. Ein ordentliches Weizenbier gibt es hier auch, weshalb mein Co-Autor nichts dagegen hat, wenn wir nach einer Veranstaltung zu den Schillings fahren.

ENDLICH: MEIN ERSTER LADEN!

Nun war ich also zurück auf Rügen – wie beglückend! Es war eine einzige Befreiung für mich, den Großstadtlärm hinter mir zu lassen. An der Nehrung der Schaabe zog ich sofort die Schuhe aus und warf mich in den Sand. Wieder einmal begriff ich, dass wir das, was wirklich zu uns gehört, erst begreifen, wenn wir es nicht mehr haben. So wusste ich plötzlich ganz genau, was mir in Berlin und Hamburg abgegangen war, und nun endlich durfte ich wieder meine Zehen in den Sand eingraben, aufgeregt durch die auslaufenden Wellen springen. Ein Fremder, der mich dabei beobachtet hätte, wäre wohl erstaunt gewesen über diese seltsame kurzhaarige Frau, die so tat, als sähe sie das Meer zum ersten Mal. Beinahe hätte ich mir sofort alle Kleider vom Leib gerissen und mich in die Fluten gestürzt.

So bewegend sich diese Heimkehr anfühlte, so klar war, dass ich eine Arbeit – und nicht irgendeine! – brauchte. Gute und zudem vernünftig bezahlte Jobs sind auf Rügen dünn gesät. Ich bekam einige Angebote, als Buchhändlerin zu arbeiten, doch die Bedingungen waren für mich nicht akzeptabel. Der Buchladen, den ich seinerzeit in Gingst mit aufgebaut hatte, existierte nicht mehr. Nach meinem Weggang, hieß es, sei es mit ihm bergab gegangen – was ich gern glaubte, mir aber in meiner damaligen Situation nicht weiterhalf.

Ich stand – mal wieder – vor einer schwerwiegenden Entscheidung. Hatte ich die Energie, mich selbstständig zu machen und einen Kredit aufzunehmen?

Und noch wichtiger: War ich wirklich bereit, mich dauerhaft an einen Ort zu binden? Konnte ich mir vorstellen, zumindest für die nächsten zehn Jahre mein Vagabundinnenleben aufzugeben?

Ja, sagte ich mir und machte mich ans Werk. Niemand außer mir glaubte so recht daran, dass man im kleinen Gingst mit einem Buchladen Erfolg haben konnte. Das werde nicht funktionieren, warnten die meisten. Abbringen ließ ich mich von meinen Plänen jedoch nicht. Im Gegenteil, es gehört zu meinem Naturell, Widerstände nicht hinzunehmen, sondern sie als Herausforderung zu verstehen. Bis heute glaube ich fest daran, dass man manchmal sein Herz in beide Hände nehmen muss. Wer von einer Sache restlos überzeugt ist, wer für eine Sache brennt, der wird einen Weg finden. Wer nicht wagt, der nicht gewinnt – dieser so banal klingende Spruch hat für mich immer Wahrheit besessen.

So entwickelte ich ein Konzept für einen Buchladen und bemühte mich um einen Kredit für dieses Geschäftsmodell. Einen solchen brauchte ich nämlich dringend, denn mein Kontostand belief sich auf satte 127,49 Euro – ein recht bescheidenes Startkapital. Banken von meinen Plänen zu überzeugen, war ein Ding der Unmöglichkeit. Man lächelte freundlich, sagte ab, wünschte mir viel Erfolg, und ich zog enttäuscht von dannen. Zum Glück fand ich jedoch einen Bürgen, der an mich glaubte, und so konnte ich endlich loslegen.

Viel Zeit, um nachzudenken, hatte ich nicht – was wahrscheinlich gut war, denn andernfalls wäre ich vielleicht vor meinem Mut zurückgeschreckt.

Wie aber sollte meine Buchhandlung aussehen? Wie wollte ich die Menschen dazu verführen, sich auf Bücher (und auf mich) einzulassen, von denen sie vielleicht zuvor nie etwas gehört hatten? Fachliteratur und Ratgeberbroschüren für angehende Unternehmerinnen habe ich links liegen lassen – nicht aus Trotz, sondern aus der Überzeugung heraus, dass mein Start-up-Laden so aussehen sollte, wie er zu mir passte. Würde ich mich darin wohlfühlen, so mein naiver Glaube, dann gälte das zwangsläufig auch für meine Kundinnen und Kunden.

So nahm ich mir vor, meinen kleinen Laden so einzurichten, als ginge es um mein Wohnzimmer. Charme und Gemütlichkeit sollte er ausstrahlen und ohne die handelsüblichen Regale auskommen, die man überall findet. Zusammen mit Freunden – ein guter Bekannter, der Galerist Günther Christiansen, half mir damals maßgeblich bei der Inneneinrichtung und bei der Umsetzung meines Konzeptes – und meiner Familie, allen voran meinem großen Bruder Torsten, der im Übrigen, als unsere Familie in meiner Kindheit Schicksalsschläge trafen, immer der Fels in der Brandung war, machte ich mich daran, ganz viele Möbelstücke – den Tresen und die Regale etwa – selbst anzufertigen. Individuelle Teile also, die keine Perfektion, aber Charakter ausstrahlten. Wer sich zu mir an den Gingster Markt verirrte, sollte sofort das Gefühl bekommen, aus dem Alltag auszuscheren und sich heimisch zu fühlen. Das Raumkonzept und die Einrichtung hatten das widerzuspiegeln. Für einheimische Künstler, ob Maler, Bildhauer, Metallkünstler oder Fotograf, stellen wir übrigens immer kleine Ecken im Laden zur Verfügung und können so gezielt die Kunden, die an den Objekten Gefallen finden, in die entsprechenden Ateliers schicken.

So ging und geht es bei mir verspielt zu, ein wenig chaotisch, aber – wenn man das so sagen kann – aufgeräumt chaotisch. Ein Sessel lädt dazu ein, sich in ein Buch zu vertiefen oder vielleicht für kurze Zeit die Augen zu schließen. Für Kinder- und Jugendbücher reservierte ich mehr als eine unscheinbare Ecke, denn wenn sich Kinder erst einmal in einer Buchhandlung wohlfühlen, Ruhe geben und sich schmökernd zurückziehen, dann verweilen die Eltern gern, halten einen ausführlichen Schwatz mit mir und schauen sich in aller Seelenruhe um.

Oft biete ich neuen Kunden zur Begrüßung einen Sanddornlikör an, danach laufen die Verkaufsgespräche umso leichter. Gerade bei denjenigen, die aus der Großstadt kommen, merke ich, wie der Likör zur Entschleunigung beiträgt. Als Alternative für Autofahrer habe ich selbstverständlich Tee im Angebot. Sind die Sorgen einmal ernsterer Natur, halte ich einen Klaren, einen Sanddorngeist, in Reserve. Der schmeckt nicht jedem, doch Rügen ohne Sanddornprodukte ist nicht vorstellbar.

Kinder bekommen natürlich keinen Likör, sondern meine berühmten Zaubersteine, eine Attraktion des Ladens. Beate freut sich besonders, wenn diese Steine Anlass für herrlich rührende Zwiegespräche wie das folgende bilden:

Ich: »Das sind unsere Zaubersteine (*nehme aus dem Säckchen eine Handvoll und zeige sie den Kindern*). Die gibt es nur bei uns, und die zaubern nur in den Ferien auf unserer Insel. Also, es sind Zaubersteine, keine Wunschsteine, sie zaubern ganz von allein. Man kann nicht zu ihnen sagen: ›Ich will dies, ich will das‹, dann zaubern sie nicht. Aber das macht ihr ja sowieso nicht, oder?«
Kleine Pause.
Kinder: »Nein!!«
Ich: »Das hab ich mir gedacht. Also ich weiß nicht, was der Stein so zaubert. Andere Kinder haben mir erzählt, dass er manchmal ein Eis zaubert, manchmal ein Pony zum Reiten, eine Bootsfahrt oder eine Treckerfahrt. Ich hab keine Ahnung, und nur eure Mama (*alternativ: Papa, Oma oder Opa, je nachdem, wer zuhört*) weiß, wann der zaubert, und die sagt dir dann Bescheid ...«

Danach dürfen sich die Kinder einen Stein aussuchen. Das dauert eine Weile, denn solche Entscheidungen müssen mit Bedacht getroffen werden. Nicht, dass es der falsche Zauberstein ist ... Ich erkläre ihnen, um welchen Stein es sich handelt, Tigerauge, Rosenquarz ... und dann dürfen die Kinder ihren Schatz einstecken, denn er zaubert natürlich auch in der Hosentasche.

Einmal kam ein kleiner Junge nach ein paar Tagen zurück, donnerte den Stein auf den Tresen und rief entrüstet: »Der hat gar nicht gezaubert!«

Schade, dachte ich mir in diesem Moment, da haben Mama und Papa wohl nicht richtig zugehört.

Die Kinder merken sich dieses Ritual sehr genau. Wenn sie nach einem Jahr wieder über die Rügenbrücke fahren, kommt es vor, dass sie ihren Eltern gleich in den Ohren liegen: »Wir wollen zuerst zu der netten Tante mit den Zaubersteinen.« Und so fahren sie, noch bevor sie ihr Quartier beziehen, zu uns nach Gingst.

Aber auch wenn es mal mit dem Zaubern hapert: Für die Kinder sind meine Steine ein Mitbringsel, das sie zu Hause hoffentlich an den Besuch bei mir erinnert. Vielleicht funktionieren sie ja sogar in Recklinghausen oder Versmold!

Hinsichtlich des Sortiments war mir von Anfang an klar, was ich wollte: Bestsellerlisten spielen bei mir keine Rolle. Natürlich führe ich erfolgreiche Bücher, wenn sie nicht nur des Kommerzes wegen geschrieben wurden. Wer sich nur für Sebastian Fitzek oder Jojo Moyes interessiert, findet diese Titel überall – und muss nicht eigens zu mir kommen. Ich möchte das Besondere und Außergewöhnliche verkaufen, und wer wie ich versucht, die Augen offen zu halten, und in den

Verlagskatalogen nicht nur die »Spitzentitel« wahrnimmt, der findet das Besondere und Außergewöhnliche auch. Wie befriedigend ist es doch, unbekannte Autorinnen und Autoren zu entdecken und deren Titel unter die Leute zu bringen. Angelika Klüssendorf, Doris Knecht, Thomas Raab oder Iris Wolff – das sind Namen, die nicht jedem gleich etwas sagen und die wir durch unsere Veranstaltungen bekannt machen wollen.

Im Lauf der Jahre habe ich gemerkt, dass es genau das ist, was meine Kunden suchen und schätzen: aufmerksam gemacht zu werden auf Ungewöhnliches und Verblüffendes. Dass in meinem Sortiment kleine und sehr kleine Verlage einen wichtigen Platz einnehmen, versteht sich deshalb von selbst. Was ich im Laden dann am häufigsten zu hören bekomme, sind Sätze wie diese: »Was haben Sie für eine gute Auswahl. Bücher, die man sonst nirgends sieht« ... »So viele und so unterschiedliche gute Bücher auf so kleinem Raum« ... »Sehr gut sortiert, mein Kompliment!« ... »Das ist der schönste Buchladen, den ich in den letzten Jahren gesehen habe« ... »Wie liebevoll Sie auf jedes kleine Detail achten« ... »Da kann sich mein Buchhändler in Berlin ein Stück von abschneiden« ... »Darf ich Fotos machen?« ... »Am liebsten würde ich Stunden bei Ihnen bleiben« ... »Vielleicht sollte ich meine Weihnachtsgeschenke gleich hier kaufen« ... »Meine Tochter fühlt sich so wohl bei Ihnen. Am liebsten würde sie hier übernachten ...«

In einer Touristenregion Bücher zu verkaufen, das bedeutet natürlich, auch ein breites Angebot an Reise-, Wander- und Fahrradführern vorrätig zu halten. Doch selbst da muss man nicht allein das gängige Einerlei präsentieren. Es gibt inzwischen eine Fülle an spezieller, ausgefallener Literatur über Rügen und Hiddensee – Bücher, die nicht nur die üblichen Sehenswürdigkeiten und Hotels auflisten und mit Sternchen versehen. Dazu zählen vergriffene, nur noch antiquarisch erhältliche Bücher wie Arnold Gustavs' *Hiddensee. Aufzeichnungen eines Inselpastors,* die Geschichten erzählen, wie sie sich in keinem Marco-Polo- oder Merian-Bändchen finden.

Selbstverständlich dürfen dabei belletristische Werke nicht fehlen, in denen unsere Inseln zu wichtigen Schauplätzen werden. Zu den Gegenwartsklassikern gehört so inzwischen Lutz Seilers Roman *Kruso,* der 2014 den Deutschen Buchpreis erhielt. Das Buch spielt auf Hiddensee im Sommer/Herbst 1989 und hat der viel besuchten Gaststätte Zum Klausner ein Denkmal gesetzt. Seiner kulinarischen Köstlichkeiten wegen braucht man die allerdings nicht aufzusuchen ...

Weitaus weniger bekannt bei uns im Norden ist der 2008 verstorbene Schweizer Schriftsteller Gerhard Meier. Dessen Mutter stammte von der Insel Rügen, genauer: aus Güstin. Auf der Insel Rügen – dem »Land der Winde« im Werk des Dichters – hatte sie ihren späteren Ehemann Gottfried Meier aus dem schweizerischen Niederbipp kennengelernt, der gegen

Ende des 19. Jahrhunderts ausgewandert war und auf Rügen eine Anstellung als Melker gefunden hatte. In Bergen heirateten sie 1895 und kehrten um 1906 nach Niederbipp zurück. Gerhard Meier, der seiner Mutter gern zuhörte, wenn sie von Rügen erzählte, hat die Insel, hat Güstin, ein Gehöft, das einen Katzensprung von Gingst entfernt liegt, später besucht und in seinem Roman *Land der Winde* beschrieben. Dass der in meinem Rügen-Regal steht, ist Ehrensache.

Auch Touristen, die nur wenige Wochen im Jahr auf Rügen oder Hiddensee verbringen, verlangen nicht nur nach oberflächlichen Informationen. Letztlich freue ich mich am meisten, wenn Kunden, die im Ruhrgebiet oder im Harz wohnen, mir erstaunt und freudig zurufen: »Dieses Buch sehe ich zum ersten Mal!«

Am 4. April 2009 war es dann so weit – mein Laden wurde offiziell eröffnet. Es herrschte größte Aufregung und Anspannung, ich war nervös wie hundert Ameisen. Wie würde die Resonanz sein? Würden Menschen zur Eröffnung kommen? Ja, wir hatten viele Einladungen verschickt, aber wer kannte uns denn schon? Fänden die Kunden Gefallen an meinem Laden? Würden sie sich wohlfühlen, mein Sortiment annehmen? Mit mir zurechtkommen? Solche Fragen und Gedanken gingen mir die ganze Zeit durch den Kopf. Und natürlich die Befürchtung, dass die Unkenrufer recht behielten, die von Anfang an gesagt hatten, dass das sowieso nicht klappen könne ... ehrlich gesagt, waren das damals ziemlich viele gewesen ...

Ich wollte zur Eröffnung eine Rede halten. Von Blackouts in solchen Situationen hatte ich natürlich schon gehört; selbst war ich davon glücklicherweise noch nicht betroffen gewesen. Was ich sagen will, habe ich im Kopf, dachte ich mir, kein Problem. Folglich machte ich mir keinen Spickzettel, wollte nichts ablesen und lieber frei sprechen.

Doch dann kamen zuhauf Menschen an diesem Tag, ich sprang hin und her, und als ich zu reden anfangen wollte, herrschte eine totale Leere in mir. Alles hatte sich verflüchtigt, wohin auch immer, nichts, gar nichts war mehr da ... oh Gott, das war mir noch nie passiert!

Die Musiker spielten noch mal auf, und ich konnte mich halbwegs sammeln. Mutti raunte mir in ihrer unnachahmlich trockenen Art hinterher zu: »Na, das kannst du aber besser!« Und sie hatte ja recht, in diesem Fall. Wie ein begossener Pudel stand ich da, doch zum Glück war Beate an meiner Seite, drückte mich und sagte: »Alles halb so schlimm. Hauptsache, der Laden ist auf und die Leute sind trotzdem geblieben.«

Ein Aussetzer dieser Art hat sich nie wiederholt. Wenn ich heute eine kleine Ansprache halten muss, bin ich immer noch aufgeregt und rede trotzdem, wie mir der Schnabel gewachsen ist. Ich komme vom Hundertsten zum Tausendsten, vergesse dies und das ... und komme dennoch gut über die Runden. Ja, ich glaube, die

Leute wären nicht glücklich, wenn ich eine vorgestanzte Rede mit ernsthafter Miene halten würde. Das wäre ja nicht ich. Immerhin ist das auch, verkaufstechnisch gesprochen, ein Alleinstellungsmerkmal ...

Es dauerte eine Weile, bis sich diese neue Gingster Attraktion dann herumsprach. Ich selbst hatte keine Akklimatisierungsschwierigkeiten und genoss es, Tag für Tag in einem Geschäft zu arbeiten, das wir ganz nach unseren Vorstellungen eingerichtet hatten.

Die ersten Jahre schmiss ich den kompletten Laden quasi ganz allein, mit allem, was dazugehört: Einkauf, Verkauf, Bestellungen, Remissionen, Lesungsplanungen und -vorbereitungen, Ladenputz, Steuererklärung und was das Leben sonst noch an nicht ganz so erfreulichen Dingen zu bieten hat.

Beate wohnte noch nicht hier. Sie zog erst 2012 fest bei mir ein, kam aber schon zuvor an den Wochenenden und half mir bei den Lesungen. Und natürlich fiel uns das umso leichter, weil wir, wie man früher sagte, unmittelbar an der »Produktionsstätte« wohnten. Beate und ich lebten in der Wohnung oberhalb der Buchhandlung, zu der auf halbem Weg zum Garten eine steile Treppe führte. Binnen kurzer Zeit hatten wir uns ein gemütliches Heim geschaffen, nur einen Sprung von »unseren« Büchern entfernt. In gewissem Sinne diente der Laden als unser ausgelagertes Wohnzimmer. Mal saßen wir mit Freunden unten beim Wein zusammen, mal ein Stockwerk höher. Zudem bezogen fast alle Autorinnen und

Autoren, die bei uns lasen, die kleine Gästewohnung neben der unsrigen: Angelika Klüssendorf, Thomas Raab, Frido Mann, Judith Schalansky, Anatol Regnier, Holger Teschke, Landolf Scherzer, Annemarie Stoltenberg, Dörte Hansen, Margarete von Schwarzkopf, Friedrich Dönhoff ... Sie kamen so, ob sie wollten oder nicht, in den Genuss eines unmittelbaren Familienanschlusses. Unendlich viele zwanglose, heitere Gespräche haben wir beim gemeinsamen Frühstück geführt, ehe es zum Bergener Bahnhof und zum Intercity Richtung Rostock und Hamburg ging!

Nach den Lesungen, die, wenn es gewünscht war, moderiert wurden, wich alle Aufregung von mir. Jetzt, nach zweihundert Lesungen, die wir absolviert haben, geht man gelassener und professioneller mit dem um, was einen erwartet. Wird schon schiefgehen, denke ich mir inzwischen und kenne keine Angst vor großen Namen.

Zusammen entspannten wir uns hinterher in unserer Küche, wo Beate bereits einen herrlichen Abendbrottisch hergerichtet hatte. Für mich blieb lediglich die Aufgabe, eine Flasche Wein zu entkorken und unsere Katzen vom Tisch fernzuhalten. Vor allem auf Kater Pauli musste ich ein Auge haben. Er breitete sich schon mal der Länge nach zwischen dem Büfett aus und schien zu denken, dass er die Hauptattraktion wäre. Pauli wunderte sich dann, dass es dafür keinen Applaus gab ...

Ich weiß, dass viele Autorinnen und Autoren eine solch vertraute Atmosphäre zu schätzen wissen und froh sind, wenn sie nach der Veranstaltung nicht in einem anonymen Kettenhotelzimmer sitzen und nur die Gesellschaft von Minibar und Fernseher vorfinden.

Als ich – das vergesse ich nie – in meine kleine Wohnung über dem Buchladen einzog, blickte ich jeden Morgen auf den Marktplatz. Zur selben Zeit wie ich zog eine neue Pfarrersfamilie, Familie Gerber mit vier reizenden Kindern, nach Gingst; wir waren also alle neue Nachbarn und Dorfbewohner. Wenn die Gerber-Kinder morgens zum Kindergarten oder in die Schule gingen, sangen sie mir vor dem Fenster ein Ständchen – kann man auf schönere Weise geweckt werden? Die Kleinste, Leonore, die damals vier Jahre alt war, brachte mir jeden Tag zum Mittag ein Körbchen mit Leckereien, die ihre Mutter, die Pfarrersfrau, zubereitet hatte. Das war wirklich »göttlich« – und selbstverständlich bekam Überbringerin Leonore jeden Tag Zaubersteine als Belohnung, Ehrensache!

Ich fühlte mich also bestens versorgt, und überhaupt schien es sich herumgesprochen zu haben, dass mit meinen Kochkünsten kein Staat zu machen ist – Beate füllt diesen Part zur Gänze großartig aus. Wenn sie aber verreist ist, bringen mir die sich um mein Wohlergehen sorgenden Kunden oft Kuchenportionen oder gar ein Mittagessen – einen schönen Ruf habe ich mir da erworben!

Es war wunderbar, in so unmittelbarer Nähe zum Laden zu wohnen – vor allem im Winter. Es gab nur kurze Wege, wodurch sich Zeit, die man nicht auf den Landstraßen verbringen musste, einsparen ließ. Arbeit und Nicht-Arbeit gingen nahtlos ineinander über – mit dem Effekt freilich, dass ich mir ab und zu wie in einem goldenen Käfig vorkam. Als wir diese Symbiose von Arbeit und Freizeit 2019 wohl oder übel aufgeben mussten, spürte ich, dass mir als schon immer freiheitsliebendem Menschenkind dieser Zustand gelegentlich zu eng gewesen war. Vielleicht tut es mir ja ganz gut, dachte ich mir, den Laden abends wirklich hinter mir zu lassen, abzuschalten und nicht bis in die Nacht an Bestellungen, Remissionen oder Schaufensterdekorationen zu denken.

Eines freilich wird mir sicher noch eine Weile fehlen, diese traumhafte grüne Oase, die wir uns über Jahre hinweg hinter dem Haus aufgebaut hatten. Denn ich hatte diesen Garten in Gingst, am Fuße der St.-Jakobi-Kirche …

MEINE LIEBLINGSBÜCHER ÜBER RÜGEN

Claudia Rusch: *Mein Rügen* (Mare)

Die jetzt in Berlin lebende gebürtige Rüganerin hat für mich das beste Buch über Rügen geschrieben. Warum? Jedes Kapitel hat einen authentischen Tonfall, steckt voller Witz und Heiterkeit und kommt ohne Klamauk aus. Heimat, das ist Claudia Ruschs zentrales Thema, und wie man mit diesem Begriff heute umgehen kann, das lernt man bei ihr.

Johann Jacob Grümbke: *Streifzüge durch das Rügenland* (Brockhaus)

Das wichtigste, im Moment leider vergriffene Buch über Rügen, geschrieben von dem Bergener Historiker und Geografen Grümbke (1771 bis 1849). Mit wunderschönen Stichen und grandiosen Reisebeschreibungen, die beispielsweise so klingen, wenn sie vom Naturpark Jasmund handeln: »Gleich hinter Sassenitz beginnt das Ufer kreidig zu werden und nimmt die wunderbarsten Gestalten an, je weiter man kommt. Die Kreidewände streben senkrecht empor aus einer schrägen, bald nackten, bald mit Gehölz bedeckten Lehne und werden, hier steigend, dort fallend, von schmalen Einschnitten und tiefen Klüften unterbrochen, die gelben, mit Erdstreifen vermischten Ton enthalten. Der obere Rand ist mit stolzen Buchen eingefasst, und die Schichtenrichtung des ganzen aufgeflözten Gebirgslagers läuft fast überall horizontal. Das Bergufer ist auf das Mannigfaltigste gezackt, geborsten und durchrissen, und die Imagination hat ein freies Spiel, sich diese Wundergestalten als Obelisken, Säulen, Tempel, Ruinen und Festungsbasteien vorzustellen.« Solche Schilderungen inspirieren noch heute zum Nachwandern. Ich habe viele Verlage im Norden angefragt, ob das nicht etwas für einen Nachdruck wäre. Die meisten zögerten; vielleicht werde ich demnächst zur Selbstverlegerin und gebe dieses Buch heraus. Ohne ein Exemplar in der Tasche würde kaum ein Kunde meinen Laden verlassen – das verspreche ich Ihnen und Grümbkes Nachfahren!

Holger Teschke/Karsten Bartel: *Inselzeiten. Rügen und Hiddensee* (Gustav Kiepenheuer)

2008 erschienen, ist der Band leider nur noch antiquarisch erhältlich. Warum nur wagt kein Verlag eine Neuauflage? Einen schöneren Bildband über die beiden Inseln gab es nie. Er widmet sich nicht nur Binz, der Seebrücke oder dem Kreidefelsen, sondern er präsentiert vor allem die Weite und die verborgene Schönheit. Der Fotograf Karsten Bartel hat den besten Blick für Rügen.

Holger Teschke: *Gebrauchsanweisung für Rügen und Hiddensee* (Piper)

Der auf Rügen geborene Autor und Regisseur Teschke breitet ungeheuer viel Wissenswertes über Brauchtum aus, gespickt mit einer Menge Humor, und er spart zum Glück auch nicht mit Kritik am Massentourismus.

Elizabeth von Arnim: *Elizabeth auf Rügen* (List)

Die britische Schriftstellerin Elizabeth von Arnim (1866 bis 1941) lernte Rügen durch Reisen kennen. Ihr zuerst 1904 erschienener Roman ist von bestechendem Humor und zeigt das Rügen des 19. Jahrhunderts. Eine ideale Sommerlektüre.

Gerhard Dallmann: *Das Kahnweib* und *Dornenzeit* (Husum)

Und zum Schluss nur Hiddensee: Für mich sind das die schönsten historischen Romane über Hiddensee, zuerst 1977 beziehungsweise 1993 erschienen. Der 1926 geborene Dallmann war bis zum Ruhestand Pastor im Greifswalder Ortsteil Wieck. Wer wirklich etwas über das Leben der Fischer, der einfachen Leute zu jener Zeit erfahren möchte, ist bei Dallmann bestens aufgehoben. Existenzen, die alles andere als romantisch waren und die der Autor großartig beschreibt.

UNSER GARTEN, UNSERE KATZEN

Wenn es in meiner Kindheit ums Gärtnern ging, sank meine Stimmung in den Keller. Gartenarbeit, das war eine Strafaufgabe für mich. Es gab doch viel Schöneres und Aufregenderes, als Unkraut zu jäten, Beete umzugraben oder nach den Karotten zu sehen! So hatte ich zu Gärten und allem, was mit diesen zusammenhängt, lange ein gespaltenes Verhältnis. Sie zu betrachten, wenn sie in voller Blüte standen, das war in Ordnung, aber ich selbst wollte damit so wenig wie möglich zu tun haben.

Das alles änderte sich, als wir begannen, den Garten hinter unserer alten Buchhandlung zu bewirtschaften. Ich selbst verstand davon anfangs nichts und ließ mir von meiner Mutter, der unermüdlichen Gärtnerin, vieles zeigen. Allmählich leckte ich Blut und fand Freude daran, die große Fläche zu gestalten. Aus einer Pflanze wurden schnell zwei, aus zwei wurden drei, aus drei viele ... und so entwickelte sich unser Gärtchen zu einem prächtigen Rosen-, Hortensien- und Staudengarten, der ständig erweitert wurde.

Die Rosenstöcke wurden zu meinem Steckenpferd, meinem Revier. Anfangs noch unterstützt durch die Tipps meiner kenntnisreichen Mutter, hegte und pflegte ich die Blumenpracht in unserem Garten – mit einer Leidenschaft, die ich mir gar nicht zugetraut hätte. Ums Gemüse kümmerte sich Beate, angeleitet durch unseren lieben Nachbarn Gerd-Peter, der ein erfahrener Haudegen des Gärtnerns ist. Die reichen Gemüse- und

Obsternten machten uns fast das ganze Jahr hindurch zu Selbstversorgern. Manche Autoren bekamen von Beate ein Himbeerpflänzchen geschenkt, auf dass unsere gärtnerischen Erfolge bis nach Berlin oder Hamburg getragen würden.

Wir wollten nie einen englischen Ziergarten anlegen, sondern einen verwunschenen, romantischen Ort schaffen, der für uns im Sommer zu einem zweiten Wohnzimmer wurde. An allen Ecken und Enden entstanden lauschige Plätzchen zum Verweilen, Sitzgelegenheiten zum Träumen und Lesen. Beate und ich verbrachten jede freie Minute in unserem grünen Reich, aßen dort zu Abend, tranken ein Glas Wein und freuten uns an unserer Einsiedelei mitten im Flecken Gingst.

Wann immer es das Wetter zuließ, begann ich meinen Arbeitstag mit einem Gartenspaziergang. Eine Tasse Kaffee in der Hand, schlenderte ich über die Wiesen, sah hier und dort nach dem Rechten, roch an einer frisch erblühten Rose und freute mich über die Vögel, die unseren Garten längst zu ihrem gemacht hatten – darunter übrigens seltene Exemplare, die bei uns nisteten und dankbar unsere Benjeshecken, Nistkästen und Phacelia-Blühstreifen für Bienen und Hummeln annahmen. Das Konzert der Vögel wurde regelmäßig durch eine zweite Geräuschkulisse bereichert: durch die Turmfalken, die nebenan in der St.-Jakobi-Kirche ihr Nest gebaut hatten. Vor allem die frisch ausgebrüteten

Umzugsplakat DER BUCHLADEN © KAROLINE HÜTTNER

Denis Scheck, Petra Dittrich und Rainer Moritz
nach einer Lesung in Vaschvitz © SABINE HEIMGÄRTNER

Beate Bohmann mit der Autorin Dörte Hansen
in Vaschvitz © PETRA DITTRICH

Der BuchLaden Rügen © CHRISTINA CZYBIK

Petra Dittrich bei der Arbeit © CHRISTINA CZYBIK

Petra Dittrich mit Rainer Moritz im Gespräch im Buchladen © CHRISTINA CZYBIK

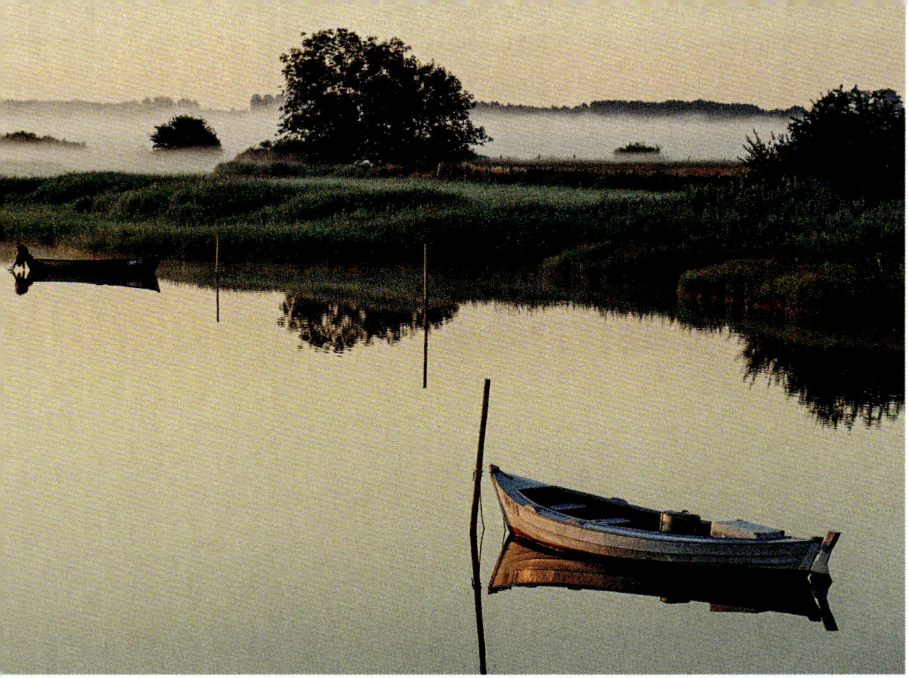

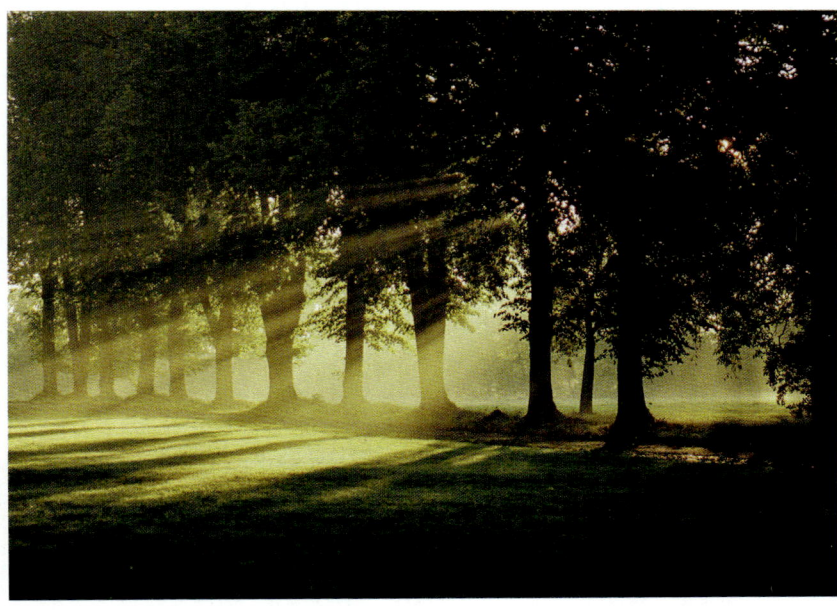

Ein Morgen am Bodden auf der Insel Ummanz / Westrügen © ELISABETH LASSEN

Allee am Morgen in Granskevitz / Westrügen © ELISABETH LASSEN

Nordstrand © ELISABETH LASSEN

Gingst von der Koselower See aus betrachtet © ELISABETH LASSEN

Kater Benny träumt vom Meer  © PETRA DITTRICH

Kunstscheune Vaschvitz © PETRA DITTRICH

Morgenflug der Kraniche auf Westrügen / Insel Ummanz © JÜRGEN REICH

Kraniche auf Westrügen / Insel Ummanz © JÜRGEN REICH

Petra Dittrichs Mutti bei der Blumendeko
für den Buchladen © PETRA DITTRICH

Bühnendeko für eine Lesung in der Kunstscheune Vaschvitz © PETRA DITTRICH

Turmfalken ließen es sich nicht nehmen, mit einigem Spektakel auf sich aufmerksam zu machen.

Zu Anfang, als die Buchhandlung laufen lernte, nutzten wir unseren Zaubergarten auch für kleinere Lesungen. Untermalt von Vogelgezwitscher und Bienensummen, traten hier geborene Autoren wie Claudia Rusch, Holger Teschke oder Janet Lindemann nach vorn und lasen vor einem Kreis Neugieriger, die es sich auf Gartenstühlen oder im Gras bequem gemacht hatten. Manchmal musste der Vortrag unterbrochen werden, samstags um vier Uhr nachmittags, wenn die Kirchenglocken zehn Minuten lang das Wochenende einläuteten. Einmal segelte während des Geläuts eine Turmfalkenfeder ganz sachte vom Himmel herab ... und landete genau auf dem Lesepult – kitschig, ich weiß, doch für realen Kitsch ist in meinem Herzen immer eine Ecke frei.

Überhaupt – Holger Teschke, über den ich noch etwas sagen möchte und muss: Zu Beginn unseres Veranstalterdaseins stand er uns intensiv zur Seite. Nicht nur, dass er viele Moderationen übernahm, nein, er half mir auch über meine Aufregung und mein großes Lampenfieber hinweg. Er ist wie ich auf Rügen, in Bergen, geboren, fuhr als Maschinist zur See und studierte von 1982 bis 1985 am Regieinstitut der Ernst-Busch-Schule. Von 1999 bis 2009 lehrte er als Professor für Schauspiel und Regie am Mount Holyoke College in Massachusetts und hatte Gastprofessuren an der New York University, an der University of Notre Dame in Indiana und am MIT in Cambridge inne. Er lebt heute in Berlin und unterrichtet Schauspieldramaturgie und Theatergeschichte an der Schauspielschule Ernst Busch. Holger ist viel am Theater beschäftigt, und wann immer es sein gut gefüllter Terminplan erlaubt, ist er noch immer bei uns zu Gast, moderiert oder stellt seine eigenen Bücher vor. Und jedes Mal freue ich mich ungeheuer, ihn wiederzusehen!

Wie oft saßen wir in diesem Garten – mit Autoren und ohne –, ließen die Seele baumeln, diskutierten über alles Mögliche: Wie würde Rügen in zehn Jahren aussehen? Würden die Menschen dann noch Bücher und Zeitungen lesen? Welche Unterschiede gab es zwischen Katzen- und Hundebesitzern? Palavernd stellten wir den Grill auf, hielten Stockbrot ins offene Feuer, lachten und sangen, als gäbe es außerhalb unseres Gartens keine Welt!

Mein Lieblingsplatz war unter einer Eibe, wo mein Uraltkater Pauli (von dem ich gleich mehr erzählen werde) begraben ist – sowohl von der Morgen- als auch von der Abendsonne beschienen. Was war das für ein anrührendes Bild, wenn ich in aller Frühe durch den Garten spazierte und sich meine Begleiter, Paulis Nachfolgekater Ove, Oskar und Benny, auf Paulis letzter Ruhestätte breitmachten – fast so, als hätten sie es erspürt, was es mit diesem Ort auf sich hatte.

Apropos Katzen. Wer meinen Laden von Weitem sieht, weiß sofort, dass diese Tiere in meinem Leben eine Hauptrolle spielen. An der Hausfassade ist der Firmenname von zwei aufgemalten Katzen eingerahmt, und dann ist da das Nasenschild – gebaut von Mario Kusel, einem befreundeten Künstler auf der Insel, der sagenhafte Metall-Stahl-Skulpturen herstellt. Kater Pauli war das Modell, und das Nasenschild, das eine gut genährte Katze mit aufgestelltem Schwanz zeigt, signalisiert, dass ich nicht nur Bücher liebe. Katzen und Bücher – das passt seit jeher gut zusammen, und ein Verlag wie Schöffling in Frankfurt am Main wäre ohne seinen oft nachgeahmten Longseller, den literarischen Katzenkalender, nicht denkbar. Es versteht sich, dass ich in meinem Laden wohl deutschlandweit das größte Sortiment an Katzentassen und -figuren führe. Ehre, wem Ehre gebührt.

Mit Katzen hatte ich bereits als Kind in Samtens ständig zu tun, und wahrscheinlich ist es ihre Unabhängigkeit, die es mir angetan hat. Katzen haben ihren eigenen Kopf, lassen sich vom Menschen nicht abrichten, und sie sind für mich als berufstätige Frau der ideale Begleiter. Sie kommen allein in der Wohnung zurecht und lassen sich problemlos mit in den Laden nehmen. Hundebesitzer warnen wir vor.

Mein Urkater Pauli war so nicht nur für Kinder die Attraktion Nummer eins. Selbst ängstliche Fünf- oder Sechsjährige verloren jede Scheu und riefen, kaum hatten sie den Laden betreten, gleich seinen Namen. Wenn Pauli sich auf die Hinterbeine stellte und bereitwillig Küsschen verteilte, kam man sich vor wie im Zirkus, und die Kunden geizten nicht mit Applaus.

Pauli verdanke ich auch eine Phase, die zu den traurigsten meines Lebens gehört – und zu den glücklichsten! Eines Tages nämlich war von ihm nichts mehr zu sehen. Von heute auf morgen keine Spur von Pauli, der alles andere als ein Streuner war. Ich suchte überall nach ihm, und binnen weniger Stunden stand das Dorf kopf. Jeden bequatschte ich in meiner Verzweiflung so ausführlich, bis alle sich mit lauten »Pauli, Pauli«-Rufen an der Suche beteiligten. Ohne jeden Erfolg, doch aufgeben konnte und wollte ich nicht, denn ich war mir ganz sicher, dass mein Pauli noch am Leben war – das spürte ich mit allen Fasern. Vermutlich haben hinter meinem Rücken viele den Kopf geschüttelt und an meinem Verstand gezweifelt. Dass sich Pauli nie mehr in meinen Arm schmiegen würde – das war eine Vorstellung, die ich nicht zuließ.

Im Juni war Pauli verschwunden, und fast ein halbes Jahr später, genauer: am ersten Advent im Dezember, meinte ich abends, ein Maunzen vor der Ladentür zu hören. Beate sah mich mitleidig an und gab mir mal wieder zu verstehen, dass ich mich allmählich mit dem Verlust abfinden müsse. Doch ich hatte keinen Zweifel an meinem Katzenmutterinstinkt, stürmte die Treppe hinunter, riss die Tür auf ... und ja, da kauerte mein Pauli, abgemagert, struppig und mit deutlich weniger Zähnen als im Juni.

Wie ich später erfuhr, war Pauli voller Neugier in ein Lieferantenauto geklettert und nicht mehr rechtzeitig entwischt. So landete er an der Schaabe, im nördlichen Teil der Insel, ein gutes Stück von Gingst entfernt. Wahrscheinlich von einer Sehnsucht getrieben, die so groß war wie meine, machte er sich nach Monaten auf den beschwerlichen Heimweg und schaffte es bis nach Hause. Ohne zu zögern, sprang er in die Wohnung, trank gierig Wasser und legte sich in meinen Schoß – als sei er nur eine halbe Stunde im Garten gewesen. Muss ich eigens erwähnen, wie viele Tränen ich an diesem Abend vergossen habe?

Pauli ist vielen meiner Kunden auch deswegen unvergessen, weil er sein Durchsetzungsvermögen vor allem an Schlechtwettertagen hemmungslos zeigte. Dann nämlich, wenn die schwere Ladentür nicht weit offen stand, fanden sich regelmäßig Zuschauer ein, die beobachten wollten, wie Kater Pauli Punkt achtzehn Uhr – während lautes Kirchengeläut einsetzte – zur schweren Türklinke hochsprang und die Tür auf diese Weise selbst öffnete. Seelenruhig spazierte er hinein; für ihn war bereits Feierabend, und er hatte katzenmäßigen Hunger. »Jetzt bin ich dran, also los, schnell bitte, lasst alles stehen und liegen« – seine fordernden Blicke sprachen eine eindeutige Sprache.

Doch manchmal war der Laden noch bis achtzehn Uhr dreißig oder neunzehn Uhr rappelvoll, ich hatte keine Zeit für ihn, und so platzierte sich ein empörter Pauli mitten in die Buchhandlung und begann derart laut zu weinen, dass ich nicht anders konnte, als die Kundengespräche zu unterbrechen und ihn zu füttern. Bis zum Ladenschluss um neunzehn Uhr auszuhalten, das wäre für ihn entschieden zu lang gewesen. Für die Bedürfnisse der Kunden interessierte er sich in solchen Momenten nicht die Bohne. Derart gestärkt, trollte sich Pauli dann, und meine Kunden kamen wieder an die Reihe.

Stolze 16 Jahre wurde Pauli alt – ehe er von einem Verkehrsrowdy vor dem Laden überfahren wurde. Am nächsten Tag schaffte ich es nicht, den Laden aufzusperren; zu groß war meine Trauer. Paulis Schwester Ronja hatte einen Tumor im Kopf und folgte ihm nur zwei Monate später. Sie besaß ein ganz anderes Naturell und wusste mit Kindern nicht das Geringste anzufangen. Sie blieb ihnen gegenüber friedlich – und völlig teilnahmslos. Nein, abgeben wollte sie sich mit Kindern auf keinen Fall, und so residierte Ronja auf dem Fensterbrett des Ladens oder in den Regalen unserer Wohnung wie eine leicht gelangweilte Königin, vor der selbst Pauli gehörigen Respekt hatte.

Pauli und Ronja sind unvergessen. Trotzdem war für uns klar, dass wir nicht ohne Katzen leben wollten, und so erfreuen wir uns inzwischen jeden Tag an ihren Nachfolgern, an Benny, der aus dem Tierheim kommt, und an Oskar, einem Festländer.

Als wir im Frühjahr 2019 gezwungen waren, den Laden auf die andere Seite des Gingster Marktes zu verlagern, hieß das wie erwähnt auch, unsere bisherige Wohnung aufzugeben. Die Katzen haben den Umzug nach Vaschvitz, wo wir ein neues Zuhause fanden, problemlos überstanden, ja, nach wenigen Tagen schien es so, als hätten sie nie woanders gelebt. Sie genießen es, von unserem Balkon hinabzuklettern und das abenteuerreiche Parkgelände rund um die Kunstscheune und den Gutshof zu erobern.

Im Gegensatz zu unseren Haustieren vermissen wir natürlich den Gingster Garten, den wir mit so viel Liebe zu unserem kleinen Eden hergerichtet hatten. Etliche Pflanzen haben wir vor unserem alten Vermieter gerettet, ausgegraben und nach Vaschvitz transportiert, in der Hoffnung, dass sie auch dort prächtig Wurzeln schlagen. Dietmar Gebert, unser Freund und Besitzer des Vaschvitzer Anwesens, hat es uns erlaubt, im Park eine Ecke als Gärtchen einzurichten – ein wunderbarer Trost. Zudem hatten Beate und ich den großen Balkon unserer Wohnung inzwischen mit Blumentöpfen und Hochbeeten so angefüllt, dass unsere beiden Sonnenliegen nur mit Müh und Not unterzubringen waren.

So gehe ich morgens mit meinem Kaffee inzwischen zwar nicht mehr durch einen Garten, aber in wenigen Schritten bin ich dafür am Vaschvitzer Bodden, setze mich in den Strandkorb, blicke hinüber zur Landzunge Bug und nach Hiddensee und sehe den Fischern zu, die ihren Arbeitstag noch früher als ich beginnen. Schlecht habe ich es nicht erwischt, denke ich mir dann.

WARUM ICH SO GERN BUCHHÄNDLERIN BIN

Ich weiß, Buchhändler ist ein Ausbildungsberuf, und mit keiner Silbe will ich bestreiten, dass man in dieser Phase viel lernen und sich auf seinen späteren Beruf vorbereiten kann. Dennoch glaube ich fest daran, dass man zur Buchhändlerin, zum Buchhändler geboren sein muss – wenn man es nicht als bloßen Job versteht, mit den Gaby Hauptmanns und E. L. James' dieser Welt möglichst schnell reichlich Umsatz zu machen. Anders gesagt: Ich bin überzeugt davon, dass es eine Art Buchhändler-Gen gibt, dass man tief in sich eine wahre Lust verspüren muss, in diesem Metier zu arbeiten.

Natürlich braucht es kaufmännische Kenntnisse, muss man mit Bilanzen vertraut und in der Lage sein, finanzielle Risiken abzuwägen und seine Umsatzziele realistisch zu planen. Viel habe ich mir davon selbstständig angeeignet, viel »by doing« gelernt. Wenn ich unterwegs bin, schaue ich mir gern Buchläden an und hole mir Anregungen. Über die Gestaltung meines Ladens diskutiere ich mit Freunden und versuche, mir Gedanken darüber zu machen, in welchem Umfeld ich mich selbst besonders wohlfühlen würde. Das heißt, dass ich nicht nach dem Lehrbuch vorgehe, sondern mir Schritt für Schritt überlege, wie ich eine Wohlfühl- und Wohnzimmeratmosphäre in meiner Buchhandlung kreieren könnte.

Welche Farben sollen meine Regale haben? Wo platziere ich ein, zwei Sessel, die zum Verweilen einladen? Über welchen (Holz-)Fußboden würde ich am liebsten gehen? Wo steht unsere museumsreife Ladenkasse am besten, welche Titel dürfen den Premiumplatz neben ihr einnehmen? Welche Blumen sollen am Eingang duften? Wie gehe ich mit Plakaten um? Gebe ich einheimischen Künstlern die Chance, mit Skulpturen auf sich aufmerksam zu machen (auch wenn ich manchmal Angst bekomme, dass Kunden im Eifer des Kaufgefechts das Schild »Bitte nicht berühren« übersehen)?

Kurzum, Tag für Tag gibt es viel zu überlegen, anzupacken und zu verbessern. Ein Buchladen ist nie »fertig« – allein schon, weil ständig neue Bücher in kleinen und großen Formaten hereinschneien und mich zum Nachdenken und zum Umgruppieren bringen. Selbst wenn ich fremde Buchhandlungen betrete, gelingt es mir übrigens nicht, mich zu beherrschen. Automatisch fange ich an, Bücherstapel zurechtzurücken und einzelne Titel aus einer unverdienten Nischenexistenz zu befreien, unauffällig natürlich ...

Vor allem aber – und das ist für mich entscheidend – bin ich nicht nur Buchberaterin und -verkäuferin. Nein, wer einmal in diesem Beruf gearbeitet hat, weiß, dass es wohl keine Tätigkeit gibt, die mehr kommunikative Kompetenz verlangt. Es geht darum, freudig auf Menschen, die man oft gar nicht kennt, zuzugehen und ihnen zuzuhören. Sich innerhalb kurzer Zeit ein Bild zu machen vom Gegenüber. Wer ist dieser Jemand, der meinen Laden betritt, sich vorsichtig, manchmal sogar kritisch umblickt, womöglich noch den Stress einer mühseligen Anfahrt mit dem Auto in den Knochen und von mir nicht die geringste Vorstellung hat?

Mit einem bisschen Erfahrung gelingt es einem rasch, zwischen verschiedenen Kundentypen zu unterscheiden. Da gibt es den Zurückhaltenden, der sich in Ruhe umsehen, nicht gestört werden will und dennoch bei einer Rückfrage selbstverständlich davon ausgeht, dass er auf eine aufmerksame, hochkompetente Buchhändlerin trifft. Da gibt es die Nervöse, die wenig Zeit hat, wie ein Wirbelsturm durch den Laden fegt und am Ende ein Taschenbuch als Geschenk eingepackt haben möchte. Da gibt es den Belesenen, der sich austauschen möchte über die Nominierten zum Deutschen Buchpreis, nach dem letzten Gedichtband von Durs Grünbein fragt und betont, dass er von Bestsellern rein gar nichts halte. Und da gibt es die Liebenswerte, die sich nach meinem Wohlbefinden erkundigt, dann nach Beates, die in Sorge zu sein scheint, ob unser Laden sich halten kann, und deshalb einen teuren Bildband kauft, damit der Umsatz stimmt!

Wer immer von ihnen eintritt: Dann schlägt meine Stunde. Blitzschnell versuche ich zu erfassen, mit wem ich es da zu tun haben könnte. Soll ich sofort das Gespräch eröffnen, nach dem fragen, was gesucht wird? Oder spüre ich, dass sich der andere erst einmal akklimatisieren, schnuppern und in Ruhe gelassen werden möchte? Da ist Intuition gefragt, Berufs- und Lebenserfahrung natürlich auch.

Manchmal fragen mich Leute: »Wie halten Sie das nur aus, liebe Frau Dittrich, mit all diesen unterschiedlichen Kunden Tag für Tag? Wie kommen Sie mit denen zurecht? Gibt es da ein Geheimrezept?« Mittlerweile muss ich über solche Fragen nicht mehr lange nachdenken. Ja, vielleicht ist es sogar besser, wenn man darüber nicht zu viel sinniert und sich keine »Gesprächsstrategie« zurechtlegt. Mit einem albernen »Was kann ich für Sie tun?« wird bei mir niemand begrüßt. Die Frage käme mir gar nicht über die Lippen, sie würde mir im Hals stecken bleiben. Wenn mir Branchenfachbücher in die Hände fallen, die lauter kluge Ratschläge liefern und mir einreden wollen, dass ich mich auf meine Kunden »einstellen«, mich ihnen »anpassen« müsse, dann läuft es mir eiskalt den Rücken herunter.

Nein, das bin ich nicht, nein, so bin ich nicht. Ich verstelle mich nicht, ich bin ich und überlege mir nicht, wie ich am besten »ankomme«. Zur Schauspielerin eigne ich mich nicht, und so kann es passieren, dass meine Kunden nicht nur die fröhliche, singende Buchhändlerin Petra D. erleben, sondern auch mitbekommen, wenn mich das Leben beutelt, wenn mich private oder geschäftliche Sorgen plagen. Es ist für mich kein Problem, das zu zeigen und den Leuten ohne Umschweife zu sagen: »Heute bin ich stiller, Sie merken das schon, bitte nehmen Sie es nicht persönlich.« »Authentisch« sein, so nennt man das wohl, darum geht es; doch authentisch zu sein, das darf man sich nicht vornehmen – schließlich bin ich keine Politikerin!

Wenn ich abwägen würde, wie ich besonders authentisch wirke, wäre mir unwohl. Ich lache und lächle, wenn mir nach Lachen und Lächeln zumute ist. Ich kann nichts mit Leuten anfangen, die immer auf freundlich machen, um ja nicht anzuecken. Alle, die zu mir kommen, sollen spüren, dass sie auf eine Buchhändlerin aus Fleisch und Blut treffen, auf eine mit Ecken und Kanten – und nicht auf eine bloße Dienstleisterin, der ihre Gegenüber gleichgültig sind.

Wahrscheinlich hat es damit zu tun, wie ich aufgewachsen bin, und mit dem, was ich in Berlin und Hamburg erlebt habe. Ich mache keine Unterschiede zwischen wohlhabenden und weniger wohlhabenden Kunden, keine zwischen Touristen und Einheimischen. Goldene Kreditkarten beeindrucken mich nicht.

Prominenz ist mir herzlich egal, und so passiert es mir immer wieder, dass ich gar nicht merke, wenn eine bekannte Persönlichkeit meinen Laden betritt. Einmal habe ich zum Beispiel Götz George fast übersehen. Er war wohl, in der Nachsaison, auf dem Weg nach Hiddensee, hatte eine Pause in Gingst gemacht und war – logisch – der Versuchung erlegen, diesen einladenden Buchladen vor seiner Nase aufzusuchen ... Wahrscheinlich lag es daran, dass er keinen Parka wie in seinen Schimanski-*Tatorten* trug und sich sehr manierlich benahm. Irgendeinem Gangster schien er nicht auf der Spur zu sein. Erst beim zweiten Hinsehen erkannte ich ihn, ohne dass mich das sehr beeindruckt hätte. Erfreulicherweise kaufte er zwei Bücher – fragen Sie mich nicht, welche, das habe ich vergessen – und brach, sich freundlich verabschiedend, wieder auf.

Vielleicht liegt es an der nüchternen Rügener Art, dass wir von solchen Begegnungen nicht viel Aufhebens machen. Prominenz allein sagt ja nicht viel über einen Menschen. Auch Götz Georges Kollegin Corinna Harfouch erging es nicht viel besser; auch sie wurde von mir erst einmal übersehen, als sie sich, ich glaube, es war in der Vorsaison, in meinem Laden umsah. Da sie aber eine schöne Frau ist, blieben meine Blicke dann doch an ihr hängen, und ich begriff, welche Filmgröße mir da die Ehre gab. Mein Nachbar Lothar war auf jeden Fall beeindruckter als ich und raunte mir hinterher ein »Oh, das war doch die Harfouch – wer bei dir immer so ein- und ausgeht!« zu.

So habe ich das Gefühl, jeden Tag Neues zu erleben und etwas dazuzulernen – aus den Büchern, die ich lese, aus den Gesprächen mit den Autoren, die bei mir zu Gast sind, und mit meinen Kunden. Es ist ja kein Geheimnis, dass Buchhändler nicht nur Berater und Verkäufer sind, sondern sich auch als Sozialpädagogen, Psychologen und »Müllschlucker« bewähren müssen. Und wer meint, dass sich die Unterhaltungen in meinem Laden nur um Bücher drehen würden, irrt gewaltig. Die klingen oft ganz anders, als gedacht ... So zum Beispiel:

»Guten Morgen, Frau Dittrich. Wie geht es Ihnen?«

»Ach, ganz gut. War heute Morgen schon auf dem Bodden unterwegs, mit meinem SUP-Board.«

»Sie haben es gut. Ich hab meinen Mann erst einmal zum Arzt gefahren. Dem war ganz flau zumute nach dem Frühstück. Kreislauf und so. Jetzt soll er sich mal durchchecken lassen. Ich hol ihn nachher wieder ab. Und hab gedacht, ich schau mich in der Zwischenzeit mal bei Ihnen um.«

»Tun Sie das. Hab Romane für alle Lebenslagen da. Als es mir neulich nicht gut ging, hab ich *Die geheimen Leben der Schneiderin* gelesen. Von einer Schweizerin, die mit knapp siebzig ihren ersten Roman geschrieben hat, schauen Sie da mal rein. Ein so tolles Buch, zum Heulen und zum Lachen. Probieren Sie's aus ...«

»Ich setz mich hin, bei Ihnen ist es ja wie bei uns in der Stube. Mir ist noch ganz komisch wegen der Sache mit meinem Mann. Irgendwie hänge ich ja doch an ihm. Ich koch ihm heute Abend mal eine kräftige Rindssuppe, mit Markklößchen.«

»Oh ja, und dann bringen Sie mir bitte morgen eine Tupperdose mit Suppe mit. Kaum ist Beate nicht da, verhungere ich fast. An der hänge ich. Wenn es Beate schlecht geht, gehts mir auch nicht gut.«

»Ich bringe Ihnen was mit, wenn mein Mann was übrig lässt. Jetzt geben Sie mir erst mal das Buch von der Schneiderin. Ich müsste meinen Rock auch weiter machen lassen. Gibt es in Bergen eigentlich noch diese kleine Änderungsschneiderei?«

So ungefähr laufen jede Woche Dutzende von Gesprächen ab. Mal dreht es sich ums Wetter, mal um Liebeskummer und Trennungen, mal um eine Baumaßnahme, die ich furchtbar finde, mal um Filme oder den letzten *Polizeiruf,* mal um Reisepläne ... und dann wieder um Neuerscheinungen, für die ich brenne und die ich unbedingt unter die Leute bringen möchte. Nicht allein des Umsatzes wegen, sondern weil ich Bücher, die ich gut finde, weiterempfehlen muss. Damit wir beim nächsten Besuch neue Anknüpfungen für neue Gespräche haben.

Man sieht, an Unterhaltungsstoff mangelt es in meinem Laden nicht. Es geht nicht nur um die Sonnenseiten des Lebens, nein, es geht um das ganze pralle Leben. Irgendwie strahle ich aus, dass man mir vertrauen, dass man mir sehr Privates erzählen kann. Romane, die das Herz rühren, können der Auslöser sein. Wenn ich den Kunden zum Beispiel erzähle, was die fünf Frauen in Daniela Kriens *Die Liebe im Ernstfall* so alles durchmachen, knüpft sich daran leicht ein Gespräch an, welche Erfahrungen man leicht und welche schwer nachvollziehen kann. Auch darüber, ob Frauen, die im Osten groß geworden sind, die Dinge bis heute anders wahrnehmen als die aus dem Westen. Oder wenn ich Mariana Lekys *Was man von hier aus sehen kann* empfehle und mir eine Kundin lang und breit erzählt, an welche Gingster Bewohner sie das Personal in diesem Westerwald-Roman erinnert habe.

Diskretion ist dabei Ehrensache für mich. Ich weiß ganz genau, welche Informationen nur für mich bestimmt sind. Es hilft ja, wenn man Belastendes ausspricht. Das gilt für mich – und für meine Kunden.

Wie setzt sich meine Kundschaft zusammen? Auf Rügen leben rund 70.000 Menschen, und für die ist mein Laden in erster Linie da. Nur an die Touristen zu denken und mich allein an deren Bedürfnissen zu orientieren, das wäre allerdings fatal. Wäre ich so ein Touristenshop, wie man sie in Binz findet, wären meine Rüganer schnell sauer und würden mir den Rücken zudrehen. Und außerdem gibt es auch auf unserer Insel einen Herbst und einen Winter, dann sind Touristen Mangelware. Die Urlauber, die im Sommer zu mir kommen, sind bewusste Urlauber, die nach Kultur suchen, Kirchen besichtigen und mit dem Fahrrad die Insel durchqueren, »sanfte« Touristen also, wenn man so sagen will.

Ab und zu habe ich im Laden aber auch Urlauber der speziellen Sorte. Die mit dem Porsche vorfahren und sich die Sonnenbrille ins gegelte Haar schieben, bevor sie bei mir vorstellig werden. Nicht viel besser sind die Snobs oder Pseudokünstler, die auf wichtig machen. Oder übereifrige Studienrätinnen, die glauben, alles besser zu wissen, weil sie zu Hause bei Haferkeksen einen Lesekreis abhalten. Manche von denen schreiten kritisch meine

Regale ab, schweigen eine Weile bedeutungsvoll, bis sie sagen: »Eine famose Auswahl haben Sie da. Aber lesen die Rügener überhaupt?« Das bringt mich auf hundertachtzig, und wenn ich richtig auf Krawall gebürstet bin, deute ich auf die Malbücher und sage: »Die sind für die Einheimischen ...« Dann blicken sie beschämt zur Seite, und zehn Minuten später kaufen die ach so Belesenen einen Rügen-Krimi oder einen Iny-Lorentz-Schmöker. »In den Ferien darf man ja mal was Leichtes lesen«, heißt es dann, und in diesen Momenten zeige ich ausnahmsweise ein nicht ganz echtes Lächeln ...

Meistens verkneife ich mir solche Frechheiten, aber wer alles kommentarlos schluckt, der bekommt Magengeschwüre. Ehrlicherweise muss ich sagen, dass die Blender und Aufschneider, die Besserwisserkunden selten bei mir aufkreuzen. Wahrscheinlich ist denen Gingst sowieso zu mickrig. Vier bis acht blöde Kunden im Jahr, mehr nicht, würde ich schätzen – und die anderen sind alle toll!

Ach ja, und dann gibt es da noch diese Geschichte, als ich von professionellen Dieben heimgesucht wurde, während der Öffnungszeiten! Es war im Sommer 2017, der Laden voll wie fast immer. Kinder waren da, und wenn ich Kindern, die erst anfangen zu lesen oder noch nicht flüssig lesen, Bücher empfehle, dann lesen wir ein Stück zusammen, damit ich hören kann, wie gut sie es tatsächlich beherrschen. Denn es gibt Kinder, die lesen in der zweiten Klasse schon dicke Wälzer, und welche, die noch in der vierten eine große Schrift brauchen. So taste ich mich an ihre Fähigkeiten heran und überlege mir gleichzeitig, welches das passende Buch für sie sein könnte. Wir üben zusammen, probieren kleinere oder größere Schrifttypen aus, und die Kinder haben kleine Erfolgserlebnisse, die mich genauso freuen. So erkläre ich den Kindern, dass man überall Fortschritte machen müsse und dass das manchmal ein bisschen dauere. Wenn sie sich für Fußball interessieren, erläutere ich ihnen, dass ja auch dort eine Karriere nicht gleich in der Bundesliga beginne. »Klein anfangen und dann jeden Tag trainieren«, empfehle ich ihnen, »und wenn du Profi werden willst, musst du doch deine Verträge lesen können, oder?« Ich nehme mir Zeit für dieses Lese-training, und diese Prozedur dauert natürlich ein paar Minuten. Was nicht schlimm ist, denn in der Zwischen-zeit können sich die Eltern ungestört umsehen und einkaufen.

Als ich jedoch an diesem Sommertag 2017 zu den Eltern zurückkehrte, war ich irritiert, wunderte mich und sah mit einem Blick, dass sich in meinem Hardcover-Regal etwas verändert hatte. Leer geräumt war es zum Teil, und die Lücken hatte irgendjemand mit Taschenbüchern aufgefüllt. Eine Kundin klärte mich auf: »Ja, da waren gerade drei Frauen, die haben die ganzen Bücher mitgenommen.«

Von den Frauen keine Spur mehr, sie waren mit der Beute abgezogen. Ich fluchte und fing unvermittelt zu weinen an. Es war nicht der finanzielle Schaden, der mich schmerzte, nein, es war der Umstand, dass man mir den Laden ausräumte, während ich Kindern vorlas. Ich verließ die Buchhandlung, trank einen Schnaps und kam nach fünf Minuten zurück. Die Kunden schauten mich betroffen, manche auch peinlich berührt an, weil ihnen die drei – übrigens gut gekleideten und sehr selbstbewusst auftretenden – Diebinnen nicht weiter aufgefallen waren. Wahrscheinlich gehörten sie zu denen, die ihre Beute hinterher im Internet mit der Beschreibung »gebraucht, wie neu« weiterverkauften.

Der Vertrauensverlust schmerzt mich am meisten, bis heute. Wir bauten danach Kameras ein, um wieder ein wenig Sicherheit zu bekommen. Immerhin halfen mir die Kunden, die gewissermaßen Zeugen des Diebstahls wurden, über den ersten Schmerz hinweg und kauften besonders üppig ein an diesem Tag. Unser Pfarrer versuchte es mit Galgenhumor und tröstete mich mit »Bei dir kann man klasse klauen – so gut, wie du sortiert bist«.

Doch zurück zu den angenehmen Dingen, zu den außergewöhnlich angenehmen Kunden. Einen von ihnen muss ich eigens erwähnen, einen älteren Mann aus Bergen, Herrn Liebe, der einmal die Woche mit dem Wagen zu mir kommt – meistens, ohne ein Buch zu kaufen. Er betritt den Laden, strahlt mich an und umarmt mich. »Liebe Frau Dittrich, ich wollte Sie nur mal wieder in den Arm nehmen. Sie sind eine so nette Frau!«

Ich lächle dann zurück, erröte immer noch ein wenig und freue mich wie eine Schneekönigin. Über das Leben dieses Mannes weiß ich nur, dass er hingebungsvoll seine schwer kranke Frau pflegt. Was mag er alles durchgemacht haben? Wie verbringt er seinen Tag? Liest er, hört er gern Musik? Keine Ahnung, aber ein Tag, der mit seiner Herzlichkeit beginnt, muss ein guter Tag werden, oder? Ob ich als Verkehrskauffrau oder als Hotelmanagerin so etwas erlebt hätte?

Ach, wenn ich gerade schon von meinen ganz besonderen Kunden erzähle, dann darf ein hübscher, aufgeweckter Junge aus Dortmund auf keinen Fall fehlen. Er heißt Carlo und kommt mit seinen Eltern jedes Jahr für drei Wochen Urlaub nach Rügen. Und zu meiner Freude lässt es sich die Familie dann nicht nehmen, fast jeden Tag einen Abstecher in meinen Laden zu machen. Carlo hat mein Herz im Sturm erobert, und offensichtlich hat er auch mich in seines geschlossen. Kaum sieht Carlo mich, beginnt er zu strahlen – was mich ebenfalls strahlen lässt, denn dass meine bloße Anwesenheit so große Begeisterung auslöst, widerfährt mir nicht alle Tage. Wir erzählen uns alles Mögliche, lachen, ich weiß binnen weniger Minuten genau Bescheid, was er am Strand gefunden hat und was in den nächsten Tagen auf dem Familienurlaubskalender steht.

Eines Tages, an einem Freitag, musste ich Carlo ungewollt schweren Kummer bereiten. Ich hatte an diesem Morgen Dienst in meinem Büro im ersten Stock und befasste mich notgedrungen mit Remissionen und komplizierten Bestellvorgängen. Bis Beate plötzlich neben mir stand und von schwerwiegenden Vorkommnissen im Laden berichtete: »Stell dir vor: Gerade ist Carlo mit seinen Eltern gekommen, gestrahlt hat er zuerst wie immer und sich umgesehen. Und jetzt weint er fast.«

Offenbar war Carlo todunglücklich darüber, nur Beate vorzufinden. Da sie jedoch wie ich streng darauf achtet, alle Kunden und nicht zuletzt unsere Spezialkunden vollkommen zufriedenzustellen, bat sie mich, die Büroarbeit kurz liegen zu lassen, nach unten zu kommen und Carlos Tag zu retten. Zufällig erfuhr ich, dass an diesem Tag sein Geburtstag war, und ich schenkte ihm aus meinen unerschöpflichen Bernsteinbeständen eine Seepferdchenkette. Was Carlo so froh machte, dass er quasi in meine Arme flog.

Dennoch sinkt Carlos Laune fast immer, wenn sich die Urlaubstage ihrem Ende zuneigen. Als die Abreise wieder einmal bevorstand, tröstete ich ihn damit, dass er mir einen Brief schreiben könne – so lang oder kurz, wie er wolle. Selbstverständlich würde ich ihm antworten – großes Buchhändlerinnenehrenwort! Beinahe hätte ich unsere Verabredung vergessen, als im September ein Brief aus Dortmund eintraf, geschrieben in Carlos schönster Kinderschrift. Er hatte sich sehr viel Mühe gegeben und erzählte mir sogar von Problemen an seiner Schule, wo man ihn geärgert habe. Deshalb habe er nun die Schule gewechselt.

Ich machte mich sofort daran, meinem kleinen Freund zu antworten – und merkte dann, dass Carlo vergessen hatte, seine Anschrift auf den Briefumschlag zu schreiben. Was tun? Die Angabe »Carlo aus Dortmund« war zu vage, als dass mir das Tourismusbüro hätte weiterhelfen können. Ratlos hielt ich meinen Antwortbrief in den Händen und hätte mich am liebsten persönlich ins Ruhrgebiet aufgemacht. Zum Glück erinnerte ich mich daran, dass Carlo mir oft begeistert von Besuchen bei Bauer Lange in Lieschow erzählt hatte. Also rief ich da an und hatte, so schien es, mein Problem gelöst. Denn Carlo und seine Familie waren sogar Feriengäste auf dem Bauernhof, sodass ich seine Adresse gleich mitgeliefert bekam. Datenschutz spielte damals keine sehr große Rolle. Ich füllte den Umschlag mit kleinen Bernsteinen auf und war beruhigt, mein Versprechen gehalten zu haben. Ausführlich erzählte ich ihm, dass auch wir das Haus wechseln müssten, nachdem uns der Vermieter geärgert habe ...

Doch ich hatte mich zu früh gefreut. Meine Post kam zurück mit der Notiz: »Liebe Frau Dittrich! Das ist leider der falsche Carlo. Viel Glück bei der Suche.« Der falsche Junge war erst fünf und hatte vermutlich noch nie einen Fuß in meinen Laden gesetzt. Meine Verzweiflung war groß, denn ich weiß, wie ein Vertrauensbruch in diesem Alter empfunden wird. Was musste der richtige Carlo von mir halten, wie groß musste seine Enttäuschung sein? Deshalb hoffte ich inständig, dass

Carlo und seine Eltern weiterhin auf Rügen setzen und bald wieder bei mir vorbeischauen würden.

Und meine Hoffnung wurde nicht enttäuscht. Diesen Sommer tauchte Carlo wieder auf: Er stand plötzlich vor mir im Laden und strahlte mich an wie eh und je, und ich nahm ihn in die Arme, froh darüber, dass er mir offensichtlich nicht böse war. Ausführlich erklärte ich ihm, weshalb ich nicht antworten konnte, doch er sagte nur: »Ist doch nicht schlimm.«

Ich lud ihn für den nächsten Tag zum Stand-up-Paddeln ein. Er zögerte, denn als Dortmunder ist er kein Wassermensch, und antwortete leise, dass er das nicht könne.

Natürlich ließ ich das nicht gelten: »Von wegen, ich zeig es dir, das ist ganz leicht!«

Wir verabredeten uns für den nächsten Tag bei uns zu Hause, wo das Meer vor der Haustür liegt. Leider blies der Wind dann jedoch stark, und es regnete die ganze Zeit, sodass wir unseren Plan nicht umsetzen konnten. Einen Tag danach hatte Carlo Geburtstag, und Beate buk ihm eine Erdbeertorte. Er bekam sich kaum ein vor Freude und besuchte fast jeden Tag mit seinen Eltern den Laden. Er erzählte, er sei beim Bauer viel geritten – und ich überlegte mir, dass wir das im kommenden Jahr zusammen machen könnten. Das Glück der Erde ... Sie wissen schon.

Irgendwann nahte wieder der Abschied; die Schule in Dortmund rief. Er schenkte mir ein kleines Holzkätzchen,

und wir tauschten Telefonnummern und Adressen aus –
so verlieren wir uns nie mehr aus den Augen.

Wir schreiben uns per WhatsApp und sogar richtige
Briefe, so von Hand ... Sie erinnern sich ...

Manchmal freilich bin ich es, die auf Trost angewiesen ist, und da ich so viele liebenswerte Kunden
besitze, ist dieser Trost meistens nicht fern.

Von Kindesbeinen an habe ich eine panische Angst
vor Gewittern. Meine Geschwister und meine Eltern
könnten Geschichten davon erzählen, wie sich Klein
Petra im hintersten Hauswinkel oder unter dem Tisch,
die Finger in Mutters Rockzipfel verkrampft, versteckte
und Stoßgebete zum Himmel schickte. Im Lauf der Jahre
ist diese Gewitterangst keinen Deut besser geworden, im
Gegenteil. Vermutlich müsste ich einen auf meteorologische Abwehrreaktionen spezialisierten Psychologen
aufsuchen, um geheilt zu werden. Angst vor Gewittern –
was bedeutet das?

Nie werde ich jenen Tag vergessen, als ich – Beate
hatte Apothekendienst – allein in unserem alten Laden
war und ein schweres, ein furchteinflößendes Gewitter aufzog. Die Wettervorhersage hatte so etwas angekündigt. Alles, was nicht niet- und nagelfest ist,
hatten die Gingster vorsorglich vertäut.

Innerhalb weniger Minuten steht der Marktplatz
unter Wasser, ein grässlicher schwarzer See. Sturm
kommt auf, das versprochene heftige Unwetter hat uns
erreicht, und ich sitze allein im Laden. Nein, fast allein,

ein Kunde, ein freundlicher Mann, ist noch bei mir und sieht mir verwundert zu, wie ich alle Stecker ziehe und die Lichter lösche.

»Nanu, Frau Dittrich, schon Feierabend?«, fragt er mich, und ich komme, während ich mich auf dem Fußboden in eine Ecke hocke, nicht umhin, ihm meine Gewitterangst zu gestehen, und bitte ihn verschämt, noch ein bisschen zu bleiben.

Ich hatte Glück im Gewitterunglück. Der Kunde erwies sich als Gentleman vom alten Schlag, als wahrer Ritter, er setzte sich zu mir auf den Boden und begann, mich zu trösten. Er brachte mir volles Verständnis entgegen, auch als ich ihm sagte, dass wir unsere Wohnung eine Etage höher hätten, ich jedoch lieber im Laden bliebe, weil hier der Fluchtweg kürzer sei.

Mein Unwetterabwehrgott blieb bei mir, bis sich Blitz, Sturm und Donner verzogen hatten. Wir tranken derweil Kaffee, aßen Kekse und redeten über Gott und die Welt. Auf Gewitter werde ich übrigens noch einmal zu sprechen kommen ...

Ich überlege jetzt nicht lange, wie ich den Übergang von Unwettern zu Tanzeinlagen hinbekomme, und erzähle einfach frei von der Leber weg von einem Nachmittag im Laden, den ich ebenso wenig wie den Gewitterritter vergessen werde.

Es ist Sommer, es ist heiß, und im Laden ist wenig los. Als Buchhändlerin ist man nie beschäftigungslos, und so räume ich um, sortiere, verschicke E-Mails ... und lege wie immer in solchen ruhigen Zeiten eine CD ein, genauer: meine Tango-CD. Als ich mich summend schon halb Richtung Argentinien entfernt habe, betritt ein sehr gut aussehendes Paar mit zwei Töchtern den Laden. Sie stutzen, freuen sich an der Musik und rufen aus: »Ach, wie schön. Wir lieben Tango!«

Ich zögere keine Sekunde und biete meinen Holz-fußboden als Tanzfläche an. Die beiden sind unschlüssig, die Frau verweist auf ihr fehlendes Tanzschuhwerk, bis ihr Mann die Initiative an sich reißt, zu seinem Wagen läuft und mit Tanzschuhen für beide zurückkehrt. Ehe ich mich versehe, setzen die beiden zum Tango an, aber nicht zu irgendeinem, sondern zu einer Tanzper-formance voller knisternder Erotik.

Ich schaue zu, baff auf dem Boden sitzend, die bei-den fast erwachsenen Töchter, die dergleichen wohl häufiger zu sehen bekommen, ebenso. Meine feurigen Kunden tanzen die ganze CD durch, niemand kommt dazu, ich verliere mich völlig, schalte ab und vermag kaum zu glauben, was ich da sehe. Nach fast einer Stunde ist der Tanzzauber zu Ende. Wir klatschen be-geistert. Dass ich in dieser Zeit keinen einzigen Euro Umsatz gemacht habe, stört mich nicht im Geringsten. Die Tänzer hingegen erhalten von mir ein Naturalien-honorar, eine große Flasche Sanddornlikör. Ich wün-sche den beiden eine romantische Zeit auf Rügen und winke ihnen nach.

Wann immer ich die CD einlege, denke ich an diesen Nachmittag. Falls Sie selbst neugierig auf diese Musik geworden sind oder, wo auch immer, erotische Stimmung entfachen wollen, die stimulierende CD heißt *Tango Around the World* und ist beim Weltmusik-Label Putumayo erschienen. Tangos aus aller Herren Länder sind darauf zu hören, aus Finnland, Spanien, Norwegen, Serbien und natürlich aus Argentinien!

Ich liebe meinen Beruf, und es gab und gibt so gut wie keinen Tag in meinem Gingster Leben, an dem ich nicht freudig meinen Laden aufgeschlossen habe. Wenn ich in Vaschvitz vom Vogelgezwitscher geweckt werde, wenn meine Katze zu mir ins Bett schlüpft und ich nach einem mal schnellen, mal ausführlichen Frühstück mit Beate aufbreche, freue ich mich im Stillen. Was bringt der Tag wohl? Wer schaut vorbei? Wer beschert mir prächtigen Umsatz?

Seitdem wir nicht mehr oberhalb unserer Buchhandlung wohnen, bin ich stolze Besitzerin eines kleinen Automobils, eines knallroten Fiat 500, der gut zu mir passt. »Rügenrudi«, ein Bayer, der seit der ersten Stunde mit seiner Familie Stammkunde bei mir ist, hat mir den zu Weltklassekonditionen besorgt. Es ist einfach gut, wenn die Kundschaft ganz unterschiedlich zusammengesetzt ist und nicht nur mit Büchern zu tun hat ...

Alle Schikanen meines kleinen Flitzers habe ich nicht sofort begriffen. Als Beate mich bei einer Fahrt aufforderte, das Schiebedach aufzufalten, schaute ich sie verdutzt an: »Schiebedach? Mein Auto besitzt ein Schiebedach?« Beate hatte, wie fast immer, recht, und so fahre ich im Sommer nun mit offenem Dach die kurze Strecke von Vaschvitz nach Gingst, freue mich an den Raps- und Mohnfeldern und singe irgendein Lied.

Neulich zum Beispiel bin ich beim Aufräumen auf eine alte CD der rothaarigen Italienerin Milva gestoßen, auf *Von Tag zu Tag*. Prompt landete sie im CD-Player meines Fiats, und ich sang Milvas *Zusammenleben* voller Inbrunst mit. Bis ich schwungvoll auf den Marktplatz einbog, mich einmal kurz umsah, als wollte ich mich vergewissern, dass das alles nicht nur ein schöner Traum war, den Laden aufschloss, die BOOXpress-Pakete mit den Übernachtlieferungen ins Haus schleppte, die Blumentöpfe, Postkartenständer und Gartenstühle auf den Gehweg stellte und ein wenig mit den Nachbarn schwatzte, die sich wie ich auf den Tag vorbereiteten.

Alles wie im Paradies also? Einerseits gewiss, doch andererseits ist dieser Beruf auch anstrengend, und manchmal sitze ich abends völlig erschöpft auf dem Sofa und bin zu müde, um nach der Fernbedienung zu greifen. Zehn bis zwölf Stunden umfasst mein Arbeitstag fast immer, und wenn wir Lesungen haben, sind es ein paar mehr. In der Hochsaison belagern pausenlos Menschen, darunter reizende, aber sehr lebhafte Kinder, die Regale und Tische, stellen Fragen, möchten dies und jenes als Geschenk verpackt und wüssten gern, welche Strandabschnitte im Juli quasi unberührt sind, wie man die Staus umfährt und wo es den besten Fisch oder das beste Eis gibt.

»Bei Ihnen ist es ja so herrlich wie in Bullerbü. Sie haben es gut, so würde ich gern leben« – wenn ich solche gut gemeinten Sätze höre, zucke ich innerlich zusammen. Nein, mit der liebevoll verklärten Bullerbü-Heimeligkeit aus Astrid Lindgrens Büchern hat mein Alltag nicht viel zu tun. Es ist eine schöne, aber keine heile Welt in meinem Gingst. Und in ihr steckt sehr viel Arbeit.

MEINE LIEBLINGSBÜCHER ÜBERHAUPT

Oh, was soll ich darauf antworten? Zwanzig Seiten könnte ich mühelos füllen mit Büchern, die mir im Lauf der Zeit ans Herz gewachsen sind ... Alle Autorinnen und Autoren, die ich in diesem Fragebogen zu erwähnen vergessen habe, bitte ich um Verzeihung!

Yishai Sarid: *Monster* (Kein & Aber)

Eines der stärksten Bücher, das ich zum Thema Holocaust gelesen habe. Ein sehr irritierender, verstörender Text über Erinnerung und Schuld, der die richtigen Fragen stellt, ohne den moralischen Zeigefinger zu heben. Was hätte ich damals getan? Was tue ich heute?

Robert Seethaler: *Ein ganzes Leben* (Hanser Berlin)

Eigentlich passiert hier nicht viel – und doch alles. Ein unprätentiöses Buch mit beeindruckender Sprache, voller Poesie und Sehnsucht.

Nicht einmal 160 Seiten benötigt Seethaler, um das »ganze Leben« eines Mannes, des Dörflers Andreas Egger, und die Zeit, mit der er sich auseinanderzusetzen hat, zu erzählen. Ende des 19. Jahrhunderts wird Egger geboren, und nachdem seine Mutter früh stirbt, kommt der Vierjährige zu einem Onkel, einem Großbauern, irgendwo in den Alpen. Leicht hat es der Junge da nicht, zumal er nach einem Unfall stümperhaft verarztet wird und fortan hinkend seiner Wege gehen muss.

Andreas Egger macht viel durch, und den Veränderungen, die Technik und Tourismus in sein Dorf tragen, steht er argwöhnisch gegenüber. Er folgt unbeirrt seiner inneren Stimme und gewinnt Routine darin, sich gegen alle Spötter zu behaupten und Schicksalsschläge zu verkraften. Das Hinken kompensiert er durch seine körperliche Stärke und seinen Mut, die ihn zu einem gefragten Arbeiter machen. Als er mühsam das Geld für ein kleines Grundstück zusammengetragen hat und auf wunderbar ungelenke, aber entschlossene Weise das Herz der Kellnerin Marie gewinnt, fühlt er sich auf der Gewinnerseite des Lebens. Ein Glück, das nicht lange währt: Eine Lawine raubt ihm Frau und Haus, und im Nachhinein weiß er kaum zu sagen, wie er diesen Schmerz verkraften konnte.

Seine Arbeitskraft macht Egger unentbehrlich, als in der Gegend die ersten Gondeln gebaut werden, die Sommerfrischler ihr Geld im Ort lassen und Bauer »statt Rindviecher nun Touristen bei sich einquartieren«. Auch Egger profitiert, nachdem ihn der Krieg lange Jahre nach Russland brachte, von dieser ihm fremden Entwicklung und beschließt in fortgeschrittenem Alter, sich als Wanderführer anzudienen – zum Wohl jener Urlaubsgäste, die in den Bergen etwas suchen, »von dem sie glaubten, es irgendwann vor langer Zeit verloren zu haben«.

Dieses Buch rührt mich immer wieder zu Tränen, obwohl es nie kitschig ist.

Kressmann Taylor: *Adressat unbekannt* (Atlantik)

Ein kleines, 1938 erstveröffentlichtes Buch von nicht mal hundert Seiten, das man nicht mehr vergisst. Die Knappheit und die Kürze sind das Besondere. Hier sitzt jedes Wort. Mitläufertum und das Anpassen an Diktaturen werden eindrucksvoll beschrieben. Zwei Menschen stehen im Mittelpunkt, mit und ohne Rückgrat. Der Deutsche Martin Schulse und der amerikanische Jude Max Eisenstein betreiben in den USA eine Kunstgalerie. 1932 entscheidet sich Schulse, mit seiner Familie nach Deutschland zurückzukehren. Eisenstein betreibt die gemeinsame Galerie in San Francisco weiter. Die beiden Männer bleiben in Kontakt, und zunächst scheint die Freundschaft nicht unter der Trennung zu leiden. Doch Schulse entwickelt sich nach und nach zum bekennenden Nationalsozialisten ... Ein aufwühlender Briefwechsel zwischen einem Deutschen und einem amerikanischen Juden in den Monaten um Hitlers Machtübernahme und die Schilderung, wie sich eine Freundschaft dramatisch entwickelt und wie es zu einer bitterbösen Rache kommt. Elke Heidenreich hat das Büchlein auch gut gefallen – wo sie recht hat, hat sie recht.

Thomas Raab: *Still* (Droemer)

Grandios, düster. Die Empathie, die ich für den Mörder Karl Heidemann empfunden habe, lässt sich nicht leugnen – das muss ich zugeben. Ein ganz großes Buch, wenn man sich für Krimis interessiert ... obwohl es gar kein Krimi ist, sondern eher das Psychogramm eines Jungen, von seiner Geburt bis er Mitte zwanzig ist.

Angelika Klüssendorf: *Das Mädchen* und *April* (Kiepenheuer & Witsch)

Ungewöhnliche Prosa, deren Sprache oft sehr drastisch und unverstellt und daher sehr authentisch wirkt. Es sind zwei autobiografische Romane, in denen Angelika Klüssendorf unverfälscht schildert, wie sich ein »Mädchen« behauptet – gegen eine sie terrorisierende Mutter und einen dem Alkohol verfallenen Vater. In *April* treffen wir sie wieder, als sie in den 1970er-Jahren nach Leipzig kommt, schließlich nach West-Berlin flieht und ihre ersten schriftstellerischen Schritte tut. Ein Buch, das mir die Tränen in die Augen getrieben hat, so voll ist es mit Ausbrüchen und Rückschlägen, mit Glücks- und Rauschmomenten und Phasen großer Ernüchterung.

Hinzukommt, dass ich diese Autorin persönlich sehr schätze.

Tschingis Aitmatow: *Dshamilja* (Suhrkamp)

Ein Klassiker, zart und poetisch, meine erste Liebesgeschichte, wenn man so will. Einfach und wunderschön.

Fredrik Backman: *Ein Mann namens Ove* (S. Fischer)

Als wir einen neuen Kater aus dem Tierheim holten, brauchte er natürlich einen Namen, und genau nach dieser Romanfigur haben wir ihn benannt: Ove. Ein größeres Kompliment geht nicht!

Gibt es noch mehr Bücher, die mir besonders ans Herz gewachsen sind? Na klar:

Dörte Hansen: *Mittagsstunde* (Penguin)

Schon ihr Debüt *Altes Land* hatte mir sehr gut gefallen, doch mit diesem Buch hat sich die sympathische Autorin, die davor für den Rundfunk arbeitete, selbst übertroffen.

Wir sind im nordfriesischen Straßendorf Brinkebüll und verfolgen dessen Geschichte von den 1960er-Jahren bis in unsere Gegenwart. Nichts ist hier mehr, wie es einmal war, und das hat mit jener »Flurbereinigung«

zu tun, mit den früher so beliebten Maßnahmen des Rodens, Begradigens und Fällens. An das, was dabei zerstört wurde, dachte keiner. Bei Dörte Hansen spürt man auf jeder Seite eine leise Trauer über diese Verluste, und Ingwer Feddersen, Hansens Hauptfigur, habe ich besonders lieb gewonnen. Er hat studiert und kehrt nach Brinkebüll zurück, als seine Großeltern ihn brauchen.

In Rückblenden erzählt Dörte Hansen die Geschichte des Dorfes und seiner Bewohner. Da verunglücken Kinder beim Fahrradfahren, da gibt es einen Pastor und einen cholerischen Lehrer, der an seinen Schülern verzweifelt, und da fließen Bier und Korn in Strömen. *Mittagsstunde* ist ein liebenswürdiges, vergnügliches Buch, das ich über alles liebe!

Donna Tartt: *Der Distelfink* (Goldmann)

Puh, das ist ein Buch, über tausend Seiten dick. Damit kann man gut und gern zwei Wochen Rügen-Aufenthalt füllen, und ich bin sicher, dass keiner, der diesen Wälzer zu lesen begonnen hat, damit aufhören kann. Worum es in diesem tollen Buch geht? Das kann ich nur andeuten.

Alles beginnt an einem Apriltag in New York City. Ein Junge namens Theo und seine Mutter Audrey besuchen im Metropolitan Museum eine Gemäldeausstellung. Eine kurze Zeit lang ist sie von ihrem 13-jährigen Sohn getrennt, als eine Bombe explodiert. Decken stürzen ein, der Boden tut sich auf, Flammen steigen hoch – Theo überlebt das terroristische Attentat trotz alledem und hat eine Begegnung, die sein Leben von Grund auf verändern wird: Er sieht ein junges, rothaariges Mädchen, Pippa, und einen alten Mann, der diesen Tag nicht überleben wird und Theo mit letzter Kraft einen wertvollen Ring in die Hand drückt. Und ohne dass sich Theo dessen bewusst ist, nimmt er ein von den Wänden gefallenes Bild an sich, das einen kleinen gelben Vogel in Gefangenschaft zeigt, einen Distelfinken ... Was in den folgenden 14 Jahren passiert? Das müssen Sie selbst nachlesen, unbedingt! Und danach fahren Sie wahrscheinlich gleich nach Den Haag, denn dort im Mauritshuis hängt das Original.

Was ich noch zu empfehlen habe? Hanns-Josef Ortheils *Die Erfindung des Lebens,* Donald Ray Pollocks *Das Handwerk des Teufels,* Benedict Wells' *Vom Ende der Einsamkeit,* Nino Haratischwilis *Das achte Leben,* Leïla Slimanis *All das zu verlieren,* Gusel Jachinas *Suleika öffnet die Augen* ... und ... und ... ja, natürlich meine russischen Klassiker, also Leo Tolstois *Krieg und Frieden,* Dostojewskis *Schuld und Sühne,* Boris Pasternaks *Doktor Schiwago* ... und ... und ...

Was ich an diesen Büchern so mag? Kommen Sie in meinen Laden, ich erzähle es Ihnen ganz ausführlich.

LESUNGEN – MEIN LEBENSELIXIER

Hundert bis hundertzwanzig Zuhörerinnen und Zuhörer im Zweiwochentakt – das ist heute schöne Normalität, wenn wir Lesungen veranstalten, doch natürlich war das nicht immer so, hat alles klein angefangen. Dahin zu gelangen, das bedeutete Jahre der Arbeit und des Durchhaltevermögens. Wir haben sehr viel dazugelernt, wenn ich an die ersten Jahre zurückdenke. Manchmal ging es konfus zu, nicht selten chaotisch und spontan.

Mittlerweile weiß ich im Schlaf, an was zu denken, wie alles perfekt zu planen ist, damit sich Gäste und Autoren wohlfühlen. An meine Anfänge aber erinnern sich noch alle, besonders meine Familie und Freunde dürften sie nicht vergessen haben, denn ich glaube, dass ich in dieser Zeit nicht immer leicht zu ertragen war. Wer mich hautnah erlebte, wenn ich mal wieder Lehrgeld bezahlen musste, der lernte mich von einer ganz anderen Seite kennen.

Begonnen haben wir in unserem alten Laden mit vierzig bis fünfzig Zuhörern, was damals kein schlechter Erfolg war und worüber sich andernorts Veranstalter freuen würden. Gäste unserer allerersten Lesungen waren Claudia Rusch (mit *Mein Rügen*) und Landolf Scherzer – letzterer 2010 mit seinem bei Aufbau erschienenen Buch *Fänger & Gefangene*, einem der wichtigsten Bücher über die Seeleute in der DDR. Scherzer hatte auf einem Fischfangschiff angeheuert, um herauszufinden, was hinter der sagenumwobenen Seefahrt steckt, und die Knochenjobs an Bord ehrlich zu beschreiben. So ließ er sich Seemannsgarn und Lebensgeschichten erzählen; hundert Tage lang beobachtete er das Bordleben, das zugleich die DDR-Gesellschaft wie in einer Nussschale abbildete.

Zu beiden Autoren spüren wir seitdem eine sehr enge Verbundenheit; sie waren häufig unsere Lesungsgäste und durften natürlich auf unserem Fest zum Zehnjährigen nicht fehlen. Überhaupt hat sich zu einigen Autorinnen und Autoren im Lauf der Zeit eine enge Verbindung, ja manchmal sogar Freundschaft entwickelt – was ich ganz wunderbar finde.

Unseren alten Laden für Lesungen herzurichten bedeutete zuerst einmal, zwei Stunden lang alles auszuräumen, um genügend Platz zu schaffen. Und am Ende des Abends oder ganz früh am nächsten Morgen galt es, zwei Stunden lang alles wieder zurückzubauen! Stühle besorgten wir uns aus der benachbarten St.-Jakobi-Kirche. Was für eine Schlepperei! Die meisten Autoren waren sich, nachdem wir einander besser kannten, nicht zu schade dafür, beim Aufräumen mit anzufassen. Das verband, und der Rotwein hinterher schmeckte umso besser.

Heute finden fast alle unsere Veranstaltungen in der Vaschvitzer Kunstscheune statt, einem traumhaften Veranstaltungsort, der kein mehrstündiges Ein- und Ausräumen verlangt, doch die intime Atmosphäre in unserem kleinen Buchladen, wo man dem Autor quasi auf dem Schoß saß, war etwas ganz Besonderes.

Nach einer Veranstaltung im Juni 2012 sind wir zum Ticketvorverkauf übergegangen – ein Novum für uns. Wir hatten Sabine Bock und Thomas Helms eingeladen, die ihr Buch *Schlösser und Herrenhäuser auf Rügen* vorstellen sollten. Es gab kaum Anmeldungen, und ich dachte: Wie merkwürdig ... und gerade bei so einem spannenden Thema!

Nun, vielleicht war der Zeitpunkt, ein Samstagnachmittag im Hochsommer, nicht gut gewählt, aber anders hatte sich das nicht einrichten lassen. Folglich räumten wir den Laden nicht ganz aus und ließen unsere schönen bequemen Sessel stehen. Gegen halb vier schaute ich aus dem Fenster, wo sich eine sehr große Reisegruppe versammelt hatte. »Die wollen sicher in die Kirche«, sagte ich zu meiner Mutter. Bis ich genauer hinsah und Dutzende unserer Stammkunden wiedererkannte – 107 an der Zahl, die alle zu unserer Veranstaltung wollten. Ach, du meine Güte ...

Guter Rat war teuer. Ich schlug vor, die Veranstaltung ein andermal zu wiederholen, doch keiner wich uns von der Seite; alle blieben. In Windeseile schafften wir Stühle herbei, aus der Kirche, aus dem Restaurant nebenan. Alle packten an, räumten den Laden aus, und dann saßen, standen und hockten alle 107 in meinem winzigen Laden – bei 30 Grad draußen und gefühlten 45 Grad drinnen. Trotzdem war es wunderbar – oder gerade deshalb? –, und im Lauf der Lesung legten die Schwitzenden nach und nach etliche Kleidungsstücke ab. Wie war ich geschafft an diesem Abend – und selig! Nach dieser Erfahrung haben wir Vorverkauf beziehungsweise Reservierungen eingeführt, um vor solchen Überraschungen gefeit zu sein.

Bis heute bin ich beeindruckt, dankbar und glücklich, wie meine Rüganer und meine Stammgäste sich alljährlich auf das Lesungsprogramm freuen und auf die Karten stürzen, sobald wir im November das Programm für das Folgejahr veröffentlichen.

Dass ich jemals ein Bestellbuch für ein Jahr im Voraus brauchen würde, das hätte ich mir in meinen kühnsten Träumen nicht ausgemalt.

Ab und zu sagen Kunden: »Ich weiß gar nicht so recht, wer das ist, den Sie da eingeladen haben, aber Sie haben immer so tolle Autoren, ich lasse mich einfach überraschen.« Das ist ein besonders schönes Kompliment, denn unsere beständige, hohe Qualität hat sich herumgesprochen, was uns im Gegenzug Raum zum Experimentieren gibt. Deshalb kam es auch dazu, dass wir gefragt wurden, ob wir nicht die Festspiele Mecklenburg-Vorpommern, ein Festival klassischer Musik mit internationalen Musikstars, bereichern wollten. Von 2012 bis 2017 waren wir dann Partnerbuchhandlung der Festspiele. Zu allen Veranstaltungen und Vorträgen der Festspiele im Frühjahr richteten wir passende Thementische aus Literatur und Musik ein – was das Renommee unserer Buchhandlung steigerte. Aus Zeitgründen – wir haben aktuell mit unserem Buchladen so viel zu tun – schaffen wir das im Moment nicht mehr. In unseren Zukunftsplanungen spielt diese Kooperation aber auf jeden Fall eine wichtige Rolle.

Dass man bei der Planung von Lesungen genau aufs Datum und auf Feiertage Rücksicht nehmen muss, hat mich die erste Lesung mit Judith Schalansky (aus ihrem Roman *Der Hals der Giraffe*) gelehrt. Es war der 5. April 2012, Gründonnerstag. Der Laden brummte, war rappelvoll. Die Veranstaltung sollte um neunzehn Uhr dreißig beginnen. Eine Stunde vorher standen sich die Kunden bei uns immer noch auf den Füßen, Touristen, Ostern stand ja vor der Tür. An eine solche Komplikation hatte ich nicht gedacht.

Wie um alles in der Welt sollte es gelingen, sich um die Lesung zu kümmern, mit dem Umräumen zu beginnen? Ich konnte ja niemanden auf die Straße hinauskomplimentieren, und gegen den Umsatz hatte ich schließlich auch nichts.

Um neunzehn Uhr stellte ich den Verkauf dann ein, denn die ersten Lesungsgäste standen vor der Tür. Die Autorin traf ein, doch zum Glück ist die gebürtige Greifswalderin Judith Schalansky ein zupackendes Nordlicht, unkompliziert dazu, und so half sie mit, alles zu stemmen.

Wir hatten für diese Lesung eine nagelneue Mikrofonanlage gekauft. Felix, unser Sohn, schloss gerade alles an, als sich herausstellte, dass am neuen Mikro das Kabel gebrochen war – ein Desaster bahnte sich an.

Denn so klein unser Laden war, so unabdingbar war bei all dem schallschluckenden Gebälk ein gutes Mikrofon. Felix sauste also in die nahe gelegene Autowerkstatt in Gingst, deren fleißige Jungs das Kabel in Kürze geflickt hatten – was für ein Glück!

Um 19.45 Uhr ging die Lesung los, der Laden war gestopft voll, und Judith Schalansky begeisterte alle und stempelte jedem ein Tier in das signierte Buch. Für jeden nahm sie sich Zeit, was mir wiederum die Gelegenheit gab, in Ruhe ein Glas Wein zu trinken und mich darüber zu freuen, dass wie von Zauberhand alles geklappt und ich für mein Dasein als Veranstalterin wieder etwas dazugelernt hatte.

All die vielen Lesungen, die wir im Programm haben, wären nicht ohne meine Freunde und meine Familie vorstellbar. Ich bin ihnen für ihre Unterstützung so dankbar. Alles muss an diesen Abenden stimmen und zusammenpassen. So sorgt etwa die gute Seele von Vaschvitz, unser Hausmeister Gerd Butzlaff, dafür, dass die Technik steht: Er baut für die Veranstaltung mit der Hundeflüsterin Maja Nowak die Bühne kurzerhand einen Meter höher, damit auch die letzte Reihe sehen kann, was sie da mit ihren Hunden veranstaltet. Beim Sommerfest ist sein Können gefragt: Zelte auf- und abbauen, Bänke tragen und bei Komplikationen aller Art eine Lösung finden ... Auf ihn ist immer Verlass.

Nicht zu vergessen unsere langjährigen Stammkunden, Radio- und Fernsehtechnik Schmidt aus Bergen, die uns mit ihrem Technik-Know-how oft aus der Patsche halfen, etwa wenn Barbara Thalheim bei uns Konzerte gab. Der Ton macht schließlich die Musik, und nichts ist schlimmer bei Veranstaltungen, als wenn sich Probleme mit der Tontechnik auftun.

Und dann natürlich Beate, Leen, Sabine, Elisabeth, Mutti und alle meine guten Geister im Hintergrund. Was wäre ich ohne sie ... ohne Matti, Maike, Maya, Detlef, Dietmar, Thea, Bauer Lange ...

Was nur ist das Anziehende, das Faszinierende an Lesungen? Warum sind sie in Deutschland so beliebt? Autoren aus Frankreich oder den USA können damit gar nicht viel anfangen, habe ich mir sagen lassen, und kein Veranstalter in diesen Ländern käme auf die Idee, Schriftsteller zu bitten, eine Stunde oder länger aus Büchern zu lesen, die es schon gedruckt gibt.

Ich selbst liebe Lesungen und organisiere sie, wenn ich ehrlich bin, vor allem auch für mich. Wenn mich Romane oder Erzählungen begeistern, will ich die »Verursacher« dieses Glücks kennenlernen und lade sie kurzerhand nach Gingst ein. Mittlerweile wissen die Autoren und die sie betreuenden Verlage, dass sie bei mir gut aufgehoben sind und gewissermaßen eine Rundumversorgung erhalten.

Stolz bin ich auch darauf, dass meine Kundinnen und Kunden sich nicht aufs Zuhören beschränken, sondern die persönliche Nähe zu den Vorlesenden suchen und reichlich deren Bücher kaufen. Manche Verlage glauben es mir kaum, wenn ich erzähle, dass nach Lesungen oft zwei Drittel der Zuhörer ein Buch mit Signatur nach Hause tragen. Für meinen Umsatz ist das nicht schlecht, denn Lesungen, die sich selbst tragen, sind keine Selbstverständlichkeit, und Autoren freuen sich, wenn sie merken, dass der Funke zum Publikum übergesprungen ist.

Wer wie ich viel arbeitet, kommt viel zu selten heraus aus den eigenen vier Wohnungs- und Ladenwänden, um ins Theater oder zu Konzerten zu gehen. So hole ich mir die Kultur quasi selbst ins Haus und veranstalte Lesungen in einer Zahl, wie sie selbst in Großstadtbuchhandlungen unüblich ist. Zwanzig ungefähr sind es zwischen März und Dezember, zwanzig Herausforderungen, zwanzig organisatorische Klimmzüge, zwanzigmal Hoffen auf ein ausverkauftes Haus, zwanzigmal ein gespanntes Warten darauf, wie der Autor, dessen Bücher man so mag, »wohl so ist«, und fast immer zwanzig beglückende Abende, von denen ich keinen einzigen missen möchte.

Von Anfang an ging es mir darum, mit meinem üppigen Veranstaltungsprogramm keinen elitären Literaturzirkel zu begründen. Ich wollte viele ansprechen, neugierig machen auf den großen Reigen der Literatur und zeigen, wie vielfältig ihre Formen sind. So lade ich mir renommierte und mit ehrwürdigen Auszeichnungen bedachte Autorinnen und Autoren wie Judith Schalansky, Terézia Mora, Hanns-Josef Ortheil oder Ursula Krechel ein, gleichzeitig aber scheue ich mich nicht, die Autoren interessanter Sachbücher – UN-Korrespondent Marc Engelhardt oder Russland-Korrespondent Thomas Franke – zu präsentieren und leichte, beschwingte Stoffe vorzustellen, Claudia Ruschs *Katzen* zum Beispiel.

Was den Unterschied zwischen Hoch- und Unterhaltungsliteratur ausmacht, das sollen andere entscheiden. Mich beschäftigt das kaum, ich lege Wert darauf, dass Autoren Feuer und Flamme für ihre Texte sind und selbst mit Lust auf ein aufgeschlossenes Publikum zugehen. Begeisterungsfunken sollen überspringen, und so, wie ich hoffe, dass meine Leidenschaft für Bücher sich auf andere überträgt, so liebe ich Autoren, die auf meine Bühne klettern, um die Leidenschaft für ihre Romane, an denen sie oft Jahre geschrieben haben, spürbar zu machen. Wie Mariana Leky, die so wunderbar schildern kann, wie sie zum Stoff ihres Romans *Was man von hier aus sehen kann* kam. Hört man ihr zu, meint man sofort den Ort des Geschehens, ein Dorf im Westerland, zu kennen. Sollte man dorthin nicht mal eine Literaturreise unternehmen?

Ich sehe es den Gesichtern meiner Kunden an, wenn sie eine Lesung berührt hat, und freue mich, wenn sie noch Tage später das Gespräch mit mir über das Gehörte suchen. Dann wiederum wird mein Buchladen zum Debattierklub, und viele buchen sich gleich für die nächsten Abende ein. Gute Bücher rütteln auf, sagen mir, dass man die Welt aus sehr unterschiedlichen Perspektiven sehen kann, und wo ließe sich das besser erfahren als bei einer intensiven Lesung?

Als mir klar wurde, dass mein Buchhändlerinnenleben nur dann vollkommen wäre, wenn ich zuhauf Lesungen veranstalten würde, reichten die Räumlichkeiten meiner Buchhandlung oder unser prächtiger Garten, der als Open-Air-Bühne größtes Charmepotenzial besaß, nur am Anfang aus. Bald schon stellte sich heraus, dass selbst bei dichtester Bestuhlung nicht mehr als fünfzig bis sechzig Menschen in den Genuss einer Eintrittskarte kämen. Kurzum, ich brauchte dringend eine Alternative, einen größeren Raum … und wieder einmal kam mir ein glücklicher, ein besonders glücklicher Zufall zu Hilfe, die Begegnung mit einem Menschen, der zu meinem guten Geist der letzten Jahre werden sollte.

Dietmar Gebert, ein schlanker, eleganter Mann mit grauen Haaren, seine Frau Birgitta und seine Tochter mit Familie zählten von Anfang an zu den Kunden meiner Buchhandlung. Wir kamen zwanglos ins Gespräch, der Kontakt intensivierte sich. Über mehrere Generationen hinweg hatten die Geberts eine Möbelfabrik in Stendal besessen, und Ende der 1990er-Jahre machten sie sich auf die Suche nach einem schön gelegenen Bauernhof auf Rügen, den sie zu neuem Leben erwecken wollten. Zufällig stieß Gebert auf das klassizistische, mit mehreren Anbauten versehene Gutshaus in Vaschvitz, einem Ortsteil von Trent, das ihm eigentlich viel zu groß erschien. Doch dem unwiderstehlichen Charme des zu Ende des 18./zu Beginn des 19. Jahrhunderts erbauten Anwesens, seiner traumhaft abgeschiedenen Lage am Bodden konnte er nicht widerstehen und erstand das Gutshaus.

Der unmittelbar am Rassower Strom liegende Ort Vaschvitz wurde urkundlich erstmals 1250 als »Wasscheriuz« erwähnt. Er gehörte damals zu den ältesten Besitzungen des Klosters Bergen. Die Eigentümer wechselten in der Folge mehrfach, bis der Hof 1743 an die Familie von Platen überging. Im Zweiten Weltkrieg diente Vaschvitz als Aufnahme- und Zwischenstation für Flüchtlinge; die Bodenreform schließlich zerteilte das Anwesen in viele Teilstücke, bis es allmählich verfiel.

Die Renovierung war eine Herkulesaufgabe, es gab unendlich viel zu tun – eine Herausforderung auch für den gelernten Tischler und Ingenieur Dietmar Gebert. Ob Dach, Elektrik, Sanitäranlagen – überall musste Hand angelegt und zudem auf die Auflagen des Denkmalschutzes Rücksicht genommen werden. Fünf Jahre dauerte es, bis Vaschvitz (das man übrigens wie den bayerischen Komiker Karl Valentin mit scharfen »Fs« auszusprechen hat) in neuem Glanz erstrahlte. Mit viel Geschmack richtete Dietmar Gebert das Haupthaus ein und bestückte es mit Antiquitäten aus eigenem Besitz. Die Nebentrakte wurden zu gefragten Mietwohnungen.

Gleichzeitig kümmerte er sich um den Park des Gutshauses, der jahrelang vor sich hingedämmert hatte. Mit der Machete galt es, das Dickicht zu durchdringen, das Dornengestrüpp zu entfernen und Raum für Bepflanzungen zu schaffen. Wenn ich heute mit nackten Füßen durchs Gras streife und auf das Gutshaus blicke, vermag ich mir kaum noch vorzustellen, wie es hier vor einem Vierteljahrhundert ausgesehen hat.

Zum Glück gab sich mein Freund Dietmar Gebert damit nicht zufrieden und packte die nächste große Aufgabe an. Er kaufte das alte Gutverwalterhaus und eine Scheune, die auf ihren Abriss wartete. Doch Geberts hatten anderes mit ihr vor, entkernten die Scheune und machten aus ihr einen beeindruckenden Veranstaltungsraum, der Platz bietet für knapp hundertdreißig Menschen. Dafür, dass die Arbeiten schnell vorangingen, sorgte Geberts Tochter, die sich vorgenommen hatte, im August 2005 in der Kunstscheune, in der früher eine Stellmacherei und ein Schweinestall untergebracht waren, zu heiraten. Natürlich klappte das.

Von da an veranstalteten die Geberts Konzerte aller Art in der Kunstscheune, die auch zur Spielstätte der Mecklenburg-Vorpommerschen Festspiele wurde. Wo, wie die *Ostsee-Zeitung* schrieb, früher »Ferkelquieken und Sauengrunzen« zu hören waren, ertönten unter den prachtvollen Holzbalken nun Mozart und Bach.

Die zahllosen Touristen, die im Sommer an der Abzwei-
gung zur Kunstscheune im Schneckentempo vorbei zur
Wittower Fähre fahren, ahnen meistens nichts davon,
welchen kleinen Kunsttempel sie gerade passieren.

Was da geboten wurde, sprach sich schnell herum,
und Beate und ich entwickelten uns zu regelmäßigen
Besuchern der Vaschvitzer Konzerte und wurden danach
immer öfter zu den geselligen Zusammenkünften im
Gutshaus eingeladen. Bei einem dieser Abende sprach
mich Dietmar Gebert an, ob ich Lust hätte, in seiner
Scheune eine Lesung zu organisieren. Das Angebot flößte
mir Respekt ein. Würde ich es schaffen, über hundertzwanzig Literaturbegeisterte nach Vaschvitz zu locken
und den Bühnenraum zu füllen? Da mich Herausforderungen bekanntermaßen anspornen, sagte ich zu.

Im Frühjahr 2013 konnte ich Dietmar Geberts Of-
ferte dann Wirklichkeit werden lassen, als die Buchhandlung aus allen Nähten zu platzen drohte. Und so sah die
Ankündigung meiner ersten Vaschvitzer Lesung aus:

Die Gewinnerin des Deutschen Buchpreises 2012 liest:
Freitag, 24. Mai 2013 – 19.30 Uhr
Die Autorin Ursula Krechel liest aus:
Landgericht – Jung und Jung Verlag
Moderation: Dr. Rainer Moritz, Leiter Literaturhaus
Hamburg
Eintritt: 12 Euro
Kunstscheune Vaschvitz

Der Abend wurde ein voller Erfolg, die Scheune war bis auf den letzten Platz gefüllt. Hinterher saßen wir glücklich in Schillings Gasthof in Schaprode mit Ursula Krechel und ihrem Mann Herbert Wiesner beisammen und stießen auf diese Premiere an – die es ohne Dietmar Geberts Initiative nicht gegeben hätte.

Heute finden fast alle meine Lesungen in Vaschvitz statt, und zum Glück sind die meisten davon ausgebucht. Die Zuhörer genießen die stille Abendatmosphäre am Bodden und reisen manchmal schon eine Stunde vorher an, um sich auf einen der Holzstühle zu setzen und sich am Postkarten-Sonnenuntergang zu erfreuen.

Auch die Autoren wissen zu schätzen, was sie hier vorfinden. Einige von ihnen halten es schlicht für unmöglich, dass sich in dieser abgeschiedenen Ecke Rügens ein so vielfältiges Lesungsprogramm etabliert hat. Als die Österreicherin Judith Taschler vor ein paar Jahren bei mir gastierte, verbrachte sie die Tage mit Freundinnen in Binz und ließ sich mit dem Taxi nach Vaschvitz kutschieren. Als das Navigationssystem dann von der Landstraße wegführte auf die Betonplatten einer holprigen Zufahrt, schien es für den ungläubigen Taxifahrer eine ausgemachte Sache zu sein, dass das alles nur ein Irrtum sein konnte. Warum sollte hier, wo nicht einmal Fuchs und Hase zum Gute-Nacht-Sagen vorbeischauten und glückliche Hühner ihre Körner pickten, um alles in der Welt eine Veranstaltung stattfinden? Auch Judith Taschler wurde, wie sie mir hinterher gestand, misstrauisch und begann, an ihrer Einladung zu zweifeln – bis ein professionelles Lesungsplakat den Weg zur Kunstscheune wies und den Taxifahrer zur Einsicht brachte.

Im Obergeschoss der Scheune befinden sich geräumige, komplett eingerichtete Wohnungen, in denen die eingeladenen Künstler oft die Nacht verbringen. Und wenn jemand ein, zwei Nächte länger bleiben möchte, findet sich dafür meist eine Lösung. Ich habe mir sagen lassen, dass sich das Spezielle der Vaschvitzer Lesungen inzwischen bis nach Süddeutschland herumgesprochen habe und manche Urlauber ihre Rügen-Aufenthalte sogar mit meinem Lesungskalender abstimmten. Wer hätte so etwas vorhersagen können?

Zu Vaschvitz gehören seit ein paar Jahren auch unsere Sommerfeste. Wir dürfen an einem Samstag im August den Park und die Scheune nutzen, um unsere treuen Kunden, unsere grandiosen Autoren und uns selbst zu feiern. Wenn das Wetter mitspielt, gibt es ein kleines literarisches Programm, Livemusik und Tanz im Freien. Natürlich fehlt auch der Grill nicht, und viele unserer Freunde und Kunden lassen es sich nicht nehmen, selbst gemachte Salate, Kanapees und Kuchen mitzubringen. Auch meine Mutti, die immer noch in meinem Elternhaus in Samtens lebt, ist mit ihren über 85 Jahren stets eifrig dabei, Gemüse zu schnippeln oder Brote zu belegen. Es gehört auch zu ihren Aufgaben, sich um die vielen Blumenkübel vor dem Laden zu kümmern. Morgens um fünf geht sie auf den Acker und pflückt, was gerade wächst. Bei Lesungen sitzt sie sowieso fast immer in der ersten Reihe und hat, nie um ein kritisches Wort verlegen, keine Hemmungen, mir hinterher zuzuraunen, was ich bei meinen Begrüßungsansprachen hätte besser machen können.

Zum Sommerlese-Jubiläums-Fest 2019 hatten wir fünf Autorinnen und Autoren eingeladen, eine Irish-Folk-Band spielte auf. Bis in die späte Nacht wurde gefeiert, getanzt. Landolf Scherzer, der Auszüge aus seinem neuen Buch *Buenos días, Kuba* las, ließ es sich nicht nehmen, als Grillmeister zu amtieren. Er hatte zudem für alle reichlich echten kubanischen Rum mitgebracht. Dem wurde ordentlich zugesprochen. Mein Co-Autor Rainer Moritz und Thomas Raab entdeckten ihren Spaß am Irish Folk und tanzten ausgelassen mit Beate und mir.

Die Sommerfeste, für die es schon Monate im Voraus keine Karten mehr gibt, bringen Menschen zusammen, und mich freut es am meisten, wenn ich sehe, wie sich auf diese Weise überraschende Kontakte ergeben, Rüganer und Urlauber ins Gespräch kommen und sich auf ein Wiedersehen verabreden. Wahrscheinlich stelle ich mir in all meiner Naivität so eine friedliche Welt des Zuhörens und des Einander-Verstehens vor. Wären Vaschvitz und Gingst doch überall, denke ich mir spätestens nach dem zweiten Glas Wein, nehme Beate in den Arm und glaube eine Weile an das Gute in der Welt.

Jedes Mal, wenn Dietmar Gebert Zeit findet, aus Berlin in sein geliebtes Vaschvitz zu meinen Lesungen zu kommen und sich dezent unter die Zuhörer mischt, bin ich sehr froh – und unendlich dankbar. Mein Buchladen und seine wunderbare Außenstelle am Bodden, das passt gut zusammen.

FEHLENDE AUTOREN, EINSCHLAGENDE BLITZE: WAS MIR AUF LESUNGEN SO ALLES PASSIERT IST

»Wenn jemand eine Reise tut, so kann er was erzählen« – Matthias Claudius hat mit dieser Lebensweisheit sicher recht, und sobald Beate und ich im Januar unseren Laden winterfest machen und zuschließen, um irgendwo fernab von Rügen nur noch zum Vergnügen zu lesen und uns zu entspannen, sind wir aufnahmebereit und haben hinterher wie Claudius dies und jenes zu erzählen. Doch wenn ich ganz ehrlich bin, dann steht mir in diesen ersten Wochen des Jahres gar nicht der Sinn nach Abenteuern – ich habe es dann am liebsten sehr ruhig und lasse abends Revue passieren, was uns die letzten zwölf Monate gebracht haben.

Meinen Schatz an wunderbaren Begegnungen, an Anekdoten und aberwitzigen Geschichten fülle ich das ganze Jahr über auf – im Laden und vor allem bei meinen Lesungen. Ungefähr zweihundert habe ich in den letzten zehn Jahren auf die Beine gestellt. Was ich mir anfangs nie hätte träumen lassen, denn ich erinnere mich noch gut daran, wie aufgeregt ich schon Wochen im Voraus bei den ersten Veranstaltungen war. Öffentlich aufzutreten und vor Publikum zu sprechen, das liegt mir nicht, und als ich – in der Buchhandlung und in Vaschvitz – dann dazu gezwungen war, schlotterten mir die Knie und ich wäre am liebsten im Boden versunken. Mittlerweile hat sich das gebessert, obwohl ich noch immer keine leidenschaftliche Rednerin bin und nach getaner Begrüßungspflicht erleichtert auf meinen Stuhl hinter dem Büchertisch sinke und den Hauptakteuren liebend gern die Bühne überlasse.

Die Liste der Autorinnen und Autoren, die meinem Lockruf in den letzten Jahren gefolgt sind, klingt imposant – das lässt sich nicht bestreiten. Darf ich ein paar Namen meiner Gäste aufzählen? Alina Bronsky, Benedict Wells, Lutz Seiler, Christine Westermann, Carmen Korn, Judith Schalansky, Max Goldt, Iris Wolff, Heinz Strunk, Dörte Hansen, Doris Knecht, Angelika Klüssendorf, Marc Engelhardt, Hanns-Josef Ortheil, Melanie Raabe, Mariana Leky, Anatol Regnier, Isabel Bogdan, Kristine Bilkau ... das sind nur einige von ihnen.

Dazu lesend oder moderierend Denis Scheck, der uns zusammen mit Anne-Dore Krohn Theodor Fontane ganz nahebrachte. Oder der vielseitig einsetzbare Holger Teschke. Oder Annemarie Stoltenberg, die eines unserer Sommerfeste mit Zitaten aus Elizabeth von Arnims Büchern bereicherte. Oder Margarete von Schwarzkopf, die erläuterte, welche Bücher sich als Weihnachtsgeschenke eignen. Oder mein Co-Autor Rainer Moritz, der schon über zwanzig Mal seine Zelte auf Rügen aufgeschlagen und mich mit seinen Schlagerabenden dazu gezwungen hat, tagelang Lieder von Connie Francis oder Udo Jürgens im Laden zu trällern. Oder die wunderbaren Philipp Schmid und Hans-Jürgen Mende von NDR Kultur mit ihren Konzerten »Klassik auf Wunsch«. Die Besucher reichen ihre eigenen Musikvorschläge bei uns im Buchladen bis einen Tag vor Beginn der Veranstaltung ein.

Philipp Schmid setzt die Wünsche dann live um, spielt und improvisiert Melodien. Hans-Jürgen Mende trägt Gedichte und Geschichten vor – ein individuell auf das Vaschvitzer Publikum zugeschnittenes Programm, dem ich stundenlang zuhören könnte.

Lesungen erfordern eine lange Vorbereitung. Alles muss bestens geplant sein – und umso größer die Erleichterung, wenn ich hinterher in die zufriedenen Gesichter meiner Gäste schaue, die noch Tage später mit mir über das sprechen wollen, was sie bei den Lesungen beeindruckt hat.

Alles freilich lässt sich nicht vorausplanen, und so halten Lesungen manche Überraschung bereit. Lassen Sie mich, damit sie nicht vergessen werden, ein paar Anekdoten erzählen.

Den Dresdner Landolf Scherzer, bekannt geworden vor allem durch seine Reportagen, hatte ich mit seinem Buch *Madame Zhou und der Fahrradfriseur. Auf den Spuren des chinesischen Wunders* für den 12. September 2012 nach Gingst einladen. Alle Karten gingen bereits im Vorverkauf über den Ladentisch. Überraschenderweise kamen er und seine Lebensgefährtin Ellen bereits eine Woche früher und wohnten bei uns in der kleinen Autorenwohnung – um eine entscheidende Lebensweiche zu stellen. Zwei Tage vor der Lesung heirateten die beiden im Standesamt Samtens, still und heimlich, ohne Trauzeugen, im Büro der Standesbeamtin.

Danach unternahmen die Frischvermählten eine Fahrradtour, kamen abends zurück und erzählten von ihrer verschwiegenen Heirat. Nur Beate und ich erfuhren an diesem Abend davon – waren völlig verblüfft und fühlten uns geschmeichelt. Landolfs und Ellens Familien erhielten erst ein halbes Jahr später Bescheid.

Den Abend verbrachten wir auf wunderbare Weise im Garten. Landolf Scherzer hatte für uns alle gekocht; die halbe Nacht saßen wir beisammen, erzählten uns alles Mögliche, schauten in den Nachthimmel, tranken Wein, lachten und freuten uns daran, im wirklich kleinen Kreis diese Hochzeit zu feiern. Selbstverständlich also, dass Landolf und Ellen Scherzer auch in meinem Jubiläumsjahr 2019 Gast unseres Sommerfestes waren! Ich sehe die beiden Junggebliebenen vor mir, wie sie ausgelassen tanzten und es sich gut gehen ließen.

Die Grundvoraussetzung für Lesungen ist – daran hat sich nichts geändert – die Anwesenheit des Autors. Wer Veranstaltungen organisiert, kennt diese Urangst vor plötzlichen Erkrankungen, Wetterkatastrophen … oder vor den Kapriolen im Bahn- und Flugverkehr. Und manchmal tritt wirklich ein, was man befürchtet – so wie im Juni 2017, als ich mich auf einen meiner absoluten Lieblingsautoren, Thomas Raab, freute. »Ausverkauft« durfte ich schon Tage zuvor vermelden – bis der Autor mir morgens um zehn Uhr die telefonische Hiobsbotschaft übermittelte: Sein Flug von Wien nach

Berlin sei gestrichen worden, und wie sehr er auch über Alternativen nachgedacht habe: An eine rechtzeitige Ankunft in Vaschvitz sei nicht zu denken.

Ich atmete zweimal kräftig durch und machte mich daran, die Absage auf allen Kanälen – Radiomeldung, Rundmailverteiler, Facebook, Telefon – zu kommunizieren. Trotzdem waren Beate und ich uns einig, dass wir abends in die Kunstscheune fahren mussten, um diejenigen abzufangen, die wir nicht erreicht hatten. Vorsorglich bereitete Beate eine »Kleinigkeit« zum Essen vor – was sich, als ich in die Küche kam, als ein üppiges Büfett herausstellte. »Beate, da essen wir drei Wochen dran«, war mein knapper Kommentar.

Wir beluden das Auto, bauten vor der Kunstscheune ein Tischchen mit Pralinen und Sekt auf, um eventuell meckernden Kunden gleich den Wind aus den Segeln zu nehmen. Zwölf waren es dann, die wir im Vorfeld nicht erwischt hatten, darunter nur eine beleidigte Frau, die auf dem Absatz kehrtmachte. Deren Praline steckte ich mir schnurstracks in den Mund. Wer nicht will, der hat gehabt. Die anderen baten wir an Beates Büfett; ein paar Freunde kamen noch dazu, auch Beates Sohn Felix, der um Mitternacht seinen 25. Geburtstag einläuten wollte. So blieben wir alle beisammen; Beate spielte am Flügel, wir sangen, die Weinvorräte verflüchtigten sich im Nu. Die »Ersatzveranstaltung« dauerte bis zwei Uhr nachts ... Zum Schluss signierten wir alle Thomas Raabs *Still* für ihn, fotografierten das ungewöhnliche Objekt und schickten ihm das Buch am nächsten Tag mit der Post.

So etwas, das war zu spüren, hat Thomas Raab in seinem Autorendasein noch nicht erlebt. Für uns war es zweifellos die schönste Lesung ohne Autor, die wir je hatten. Unser Publikum kam dann ein Dreivierteljahr später auf seine vollen Kosten, als Thomas Raab seine Lesung nachholte. Es war ein sehr emotionaler Abend, und ich brach bei der Abmoderation in Tränen aus. Dagegen war nichts zu machen.

Beate versicherte mir hinterher, dass nicht nur ich feuchte Augen bekommen hätte. Trotzdem war ich, abends im Bett liegend, von mir selbst peinlich berührt. Auf offener Bühne loszuheulen … das passierte nur mir, oh Gott, wie unprofessionell. Wahrscheinlich hatte mein Tränenausbruch damit zu tun, dass sich in diesem Frühjahr 2018 der Streit um unseren alten Laden zuspitzte und ich oft nicht mehr ein noch aus wusste. Warum, dachte ich mir, konnte nicht der charmante Thomas Raab unser Hausvermieter sein?

Ich muss noch einmal auf Gewitter, nein, genauer: auf meine Angst vor Gewittern, zu sprechen kommen. Im Frühsommer 2019 hatten wir Heinz Strunk nach Vaschvitz eingeladen, den Autor des *Goldenen Handschuhs,* der am Freitagabend aus seinen Erzählungen *Das Teemännchen* lesen sollte. Der Autor, der mit seiner Freundin oberhalb der Kunstscheune untergebracht war,

und ich hatten für Mittwoch einen Soundcheck verein-
bart. Ich war gegen halb fünf noch im Laden, als es in
Gingst ganz schwarz wurde. Ich sah panisch aus den
Fenstern, erblickte keine Menschenseele und beschloss,
nachdem ich alle Stecker gezogen hatte, den Ladenschluss an diesem Tag vorzuziehen. Ohnehin wäre ich
nicht mehr in der Lage gewesen, etwas Vernünftiges zu
arbeiten.

So verriegelte ich alles, stürzte mich in meinen Fiat
und raste nach Vaschvitz, wo es aufzuklaren schien.
Beate holte mich am Auto ab, und da durch meinen vor-
gezogenen Feierabend plötzlich Zeit genug war, schlug
ich vor, in die Scheune zu gehen und alles für Freitag
vorzubereiten. Wir packten unsere Utensilien in einen
Bollerwagen, griffen uns einen Regenschirm und gingen
die fünfzig Meter hinüber zur Scheune. Es gewitterte
noch, und dank einer Vorahnung vielleicht (oder auch
nur, weil die schuh- und strumpflose Beate keine nassen
Füße bekommen wollte) nahmen wir diesmal nicht den
Pfad über die Wiese zwischen den alten Bäumen hindurch, sondern den Hauptweg.

Merkwürdigerweise war meine Angst verflogen. Beate und ich schwatzen, lachten, als uns plötzlich ein
ohrenbetäubender Lärm aufschreckte. Es klang, als würde eine Kreissäge Amok laufen, es blitzte grell auf, ich
sah einen Feuerball und hörte ein heftiges Krachen ...
Der Blitz hatte in eine Weide eingeschlagen, von der wir
vielleicht sieben Meter entfernt zitternd standen. Beim

Weg über die Wiese wären es vier, fünf Meter weniger gewesen …

Beate und ich ließen alles liegen und stehen und rannten zur Scheune, heilfroh darüber, die Tür hinter uns verrammeln zu dürfen. Wir fielen uns in die Arme, aufgewühlt, völlig durcheinander. Uns war nach einem Schnaps, doch da der Scheunenkühlschrank nur Sekt im Angebot hatte, musste der genügen. Obwohl die Luft stand, das Thermometer über dreißig Grad zeigte und wir seit Stunden nichts gegessen hatten, leerten wir die Sektflasche in Nullkommanichts. Gedanken rasten durch meinen Kopf. Wie knapp waren wir dem Blitz, dem Tod womöglich entkommen? Bei wem hatten wir uns zu bedanken? *Verdiente Buchhändlerin bei der Vorbereitung einer Lesung vom Blitz erschlagen* – so würden die Überschriften in der Orts- und Branchenpresse gelautet haben …

Von unserem Türeschlagen und vom Blitzeinschlag aufgeschreckt, kam Heinz Strunk aus seiner Wohnung herunter, und ich möchte nicht wissen, was er dachte, als er dieses pudelnasse, angeschickerte Pärchen auf der Bühne sitzen sah. »Normalerweise, lieber Heinz Strunk, empfange ich unsere Gäste nicht betrunken, entschuldigen Sie bitte«, murmelte ich und erklärte ihm ausführlich, was uns widerfahren war. Wir atmeten alle durch, zum Glück standen im Kühlschrank der Gästewohnung noch zwei Sektflaschen, die wir zusammen austranken. Seit dieser Zusammenkunft weiß Heinz

Strunk über all meine Gewitterängste so gut Bescheid wie kein anderer Autor. Vielleicht verarbeitet er das ja mal in einem Roman.

Es war ein lustiger Abend, die optimale Vorbereitung auf eine Veranstaltung. Irgendwann brachten wir den Soundcheck hinter uns. Das Wetter draußen interessierte mich gar nicht mehr. Die Lesung selbst war übrigens ein voller Erfolg, ganz ohne meteorologische Auffälligkeiten.

Nicht minder tolle Stimmung herrschte in der Scheune, als Harald Martenstein seine besten Kolumnen aus dem *ZEIT*-Magazin zum Besten gab. Wenn er davon erzählt, wie ein Mann, der ihm recht ähnlich zu sein scheint, im Garten auf Schneckenjagd geht, allerlei eigenwillige Methoden einsetzt und aus ökologischen Gründen von schlechtem Gewissen befallen wird, kringelt sich unser Publikum vor Lachen. Als Bonustrack gewissermaßen las er einen Text vor, der erst zwei Wochen später erscheinen sollte – eine Weltpremiere auf Rügen. Mir selbst war es an diesem Abend eher flau zumute. Mutti ging es gar nicht gut, und ich machte mir Sorgen. Deshalb war ich nicht in der Stimmung, um mit dem Autor, so sympathisch er mir war, nach der Lesung in Schaprode zu Tisch zu gehen.

Zum Glück wurde der Abend von meinem Co-Autor Rainer Moritz moderiert, dessen beruhigende Wirkung ich ohnehin nicht mehr missen möchte. Ihn bat ich, sich um Harald Martenstein zu kümmern. Beide übernachteten in der großen Wohnung oberhalb der Scheune, und ich hatte keine Sorge, dass es ihnen nicht gelingen würde, den Abend auch ohne mich gut ausklingen zu lassen.

Den Kühlschrank hatten wir ordentlich aufgefüllt, und Beate hatte die eine oder andere Leckerei vorbereitet. Es muss ein schönes Bild gewesen sein, wie sich Martenstein und Moritz ihre Kurzzeit-Männer-WG einrichteten und bei Jagdwurst, Käse, Essiggurken und Störtebeker-Bier zünftige Nachlesungsstunden miteinander verbrachten. An Gesprächsstoff hat es den beiden sicher nicht gemangelt. Ein Glück, dass es so selbstständige Autoren gibt, die mich nicht zur permanenten Bespaßung brauchen!

Angenehmes Wetter herrschte am 20. September 2012, als wir den Enkel eines leibhaftigen Nobelpreisträgers zu Gast hatten. Durch Hiddensee und seinen langjährigen Besucher Gerhart Hauptmann sind wir in gewisser Weise den Umgang mit solchen gewohnt, doch wir waren offen gesagt ganz schön nervös, als Frido Mann, Thomas Manns Enkel, sich zur Lesung (aus *Mein Nidden. Auf der Kurischen Nehrung*) ansagte. Autorenbetreuung sieht bei uns in jedem Fall anders aus, und diesmal machte sich Beate auf, um mit Frido Mann eine Wanderung in die Stubnitz zu unternehmen, in die hügelige Waldlandschaft auf der Rügener Halbinsel Jasmund.

Am Parkplatz in Hagen wurde der Wagen abgestellt, und es ging zu Fuß zum Herthasee, einem kreisförmigen Gewässer, das auf halbem Weg zum Zentrum des Nationalparks Jasmund, dem Königsstuhl, jenem berühmten Kreidefelsen, führt. Beate und Frido Mann ließen Hochuferwege und Steilküsten hinter sich, genossen die vielfältige Aussicht und unterhielten sich über alles, was einem in den Sinn kommen kann, über Kinder, Enkel, Gott und die Welt ... nur nicht über Literatur, auch nicht über den *Zauberberg* und die *Buddenbrooks*.

Als mir Beate abends von diesem wunderbaren Ausflug erzählte, der in einer Eisdiele seinen Höhepunkt fand und über die Wittower Fähre zurück nach Gingst führte, wurde uns beiden wieder einmal klar, wie angenehm es ist, auf Menschen zu treffen, die etwas vorzuweisen haben, in diesem Fall sogar einer bedeutenden Familie angehören und doch ganz frei von Allüren sind. Beate und ich sind nun also in jeder Hinsicht auf Nobelpreisträger und deren Angehörige eingestellt. Das machen wir mit links.

Von ganz anderer Prominenz waren zwei Abende im Sommer 2018 geprägt, als wir überraschenderweise einen der bekanntesten deutschen Politiker zu Gast hatten. Eine Kollegin des Aufbau Verlags hatte mich angerufen und gefragt, ob ich nicht Gregor Gysi einladen wolle. Der komme gern ... Ich zögerte, weil Politiker bislang in meinem Programm keine Rolle gespielt hatten, doch als ich Beate und Felix davon erzählte, wurden meine Zweifel sofort weggeblasen. Gysi, das sei doch super, ein brillanter, amüsanter Redner – wenn der mir auf dem Silbertablett präsentiert werde, da dürfe ich nicht Nein sagen.

Also sagte ich zu, ahnend, dass mich diese Veranstaltung viele Nerven kosten würde. Kaum hatte ich den Abend mit Gysi und seiner Autobiografie *Ein Leben ist zu wenig* angekündigt, setzte der Run auf die Karten ein, stand das Telefon nicht mehr still. Der erste Abend war sofort ausverkauft, und selbst als Gregor Gysi zusagte, einen zweiten Abend anzuschließen, zeigte sich schnell, dass wir nicht alle Wünsche würden erfüllen können.

Es gehört zu meinen eisernen Prinzipien, keine Unterschiede zwischen meinen Kunden zu machen und die Kartenvormerkungen nach Eingang zu notieren. Im Falle Gysi drohte dieses Verfahren zu scheitern, da mir plötzlich Menschen, die noch nie ein Buch bei mir gekauft hatten, die Bude einliefen und einen Sonderstatus beanspruchten. Sätze wie »Wissen Sie nicht, wer ich bin?« oder »Ich kenne den Ministerpräsidenten persönlich und brauche eine Karte in der ersten Reihe« wurden mir entgegengeschleudert, und selten musste ich so viele beleidigte und empörte Reaktionen ertragen.

Irgendwann lag aller Ärger hinter mir, und der Vorverkauf war beendet. Die Zahl der Anrufer, die sich beschwerten, ging zurück – bis sich eines Tages eine Stimme am Telefon meldete: »Hallo, hier ist Gregor Gysi. Es tut mir leid, ich muss die Veranstaltung am Samstag absagen, überraschende Termine ...« Ich lachte schrill auf, doch die Stimme fasste nach: »Nein, legen Sie nicht auf, ich bin es wirklich.« Der Verzweiflung nah, sagte ich ihm, dass das auf keinen Fall gehe und er den Menschen persönlich absagen müsse.

Wir redeten und redeten, suchten nach einer Lösung – die wir schließlich auch fanden. Die beiden Abende fanden nun am Donnerstag und Freitag statt, was natürlich bei einigen von denen, die sich für Samstag angemeldet hatten, wieder für Ärger sorgte.

Ein bisschen Schweiß stand mir noch auf der Stirn, als der Tag der ersten Lesung näher rückte, die Besucher erwartungsvoll am Wasser standen, die Sonne strahlte und der Moderator und ich vor der Kunstscheune warteten ... und warteten ... und warteten ...

Um neunzehn Uhr dreißig sollte es beginnen, doch von Gregor Gysi war weit und breit nichts zu sehen. Seine Handynummer hatte ich zwar ... doch leider im Laden vergessen, so wie auch Beates Handy, das ich mir bei Lesungstagen ausleihe. Ich selbst besaß nämlich kein Handy, doch während dieser langen Minuten des Wartens verfluchte ich meine Rückständigkeit zum ersten Mal.

Es wurde zwanzig Uhr, die Gäste verloren zum Glück ihre gute Laune nicht, plauderten, tranken ein

Glas Sekt und schienen an Gysis Verlässlichkeit nicht zu zweifeln. Ängstlich ging ich zur Scheunenauffahrt, um sich nähernde Autos sofort zu erkennen. Jedem Wagen, der infrage kam, winkte ich heftig zu, doch es verging wieder eine Viertelstunde, bis ich eine schwarze Limousine mit Berliner Kennzeichen sah. Der entstieg Gregor Gysi in einem eleganten hellen Leinenanzug. Ehe er etwas sagen konnte, fiel ich ihm um den Hals – was er trocken mit »Na, das ist ja mal 'ne freundliche Begrüßung!« kommentierte.

Gregor Gysi entschuldigte sich – eine Parlamentssitzung, die länger gedauert habe, ein Mandant ... –, wusch sich die Hände, ging entspannt auf die Bühne und erzählte aus seinem ereignisreichen Leben. Dass er zum Beispiel einen Abschluss zum Facharbeiter für Rinderzucht gemacht hat, werde ich nie mehr vergessen.

Es waren schöne Stunden mit dem »Vollprofi« Gregor Gysi. Eine Moderation ist in seinem Fall nicht unbedingt nötig – kaum hat man ihm ein, zwei Stichwörter genannt, erzählt er tausendundeine Geschichte voller Pointen und überraschender Ansichten, auch an zwei Abenden hintereinander.

Den Erlebnissen mit Gregor Gysi verdanke ich es übrigens auch, dass ich seit jenem Abend ein Smartphone besitze: Felix hat mir sein altes überlassen ...

Wie ich jetzt die Brücke zu Maike Maja Nowak schlage, weiß ich nicht. Aber von ihr muss ich unbedingt erzählen. Maja und ich kennen uns noch aus meiner Berliner Zeit; damals sang sie in winzigen Bars wunderschöne russische Chansons. Dass wir uns viele Jahre später auf diese Weise wiederbegegnen würden, hätte ich nicht gedacht, stand damals wohl nicht mal in den Sternen. *Abenteuer Vertrauen: Vollkommen, aber nicht perfekt. Was Menschen von Hunden lernen können* heißt ihr Buch, das sie in Vaschvitz vorstellte, aber mit einer »normalen« Lesung haben Majas Abende nichts zu tun.

Begleitet wird sie von Raida, Mitja, Tinka und Frieda, ihren vier zauberhaften Hunden. Ich bin restlos von ihnen begeistert, und dass sie die Hunde alle von der Straße oder aus Heimen zu sich genommen hat, macht mein Glück noch größer. Majas Bus ist hinten komplett mit Fellen ausgelegt – was für ein Schlaf- und Transportkomfort! Sieht so das Hundeparadies auf Erden aus?

Maja ist national und international sehr gefragt, deshalb macht sie für den Buchhandel nur ganz selten Veranstaltungen. Wir jedoch hatten gleich zwei, und die waren – wen wundert's? – sofort ausverkauft. Eine Woche blieb Maja bei uns und erkundete Rügen. Abends saßen wir oft zusammen, schwatzten von alten und künftigen Zeiten. Ihre Hunde nahmen Vaschvitz munter in Beschlag, die Lebensfreude war ihnen anzusehen.

Am Ende der – vierstündigen – Veranstaltungen, über die die *Ostsee-Zeitung* ausführlich berichtete, hatte

Maja eine Überraschung parat. Sie sang, was sie an ihren »Hundeabenden« normalerweise nicht tut, für mich zwei russische Lieder. Ich – das überrascht niemanden mehr – weinte ein bisschen, und das Publikum war von ihrer Stimme so bezaubert wie ich. 2020 wird sie mit ihren Hunden vielleicht wieder nach Vaschvitz kommen. Hoffentlich klappt das.

Viel, sehr viel könnte ich noch von meinen Lesungen berichten. Keine möchte ich missen, und all die Autorinnen und Autoren, deren Auftritte ich in diesem Buch nicht eigens würdige, mögen mir verzeihen. Stellvertretend für alle möchte ich am Ende dieses Kapitels zumindest noch unsere phänomenalen Kinderfeste erwähnen. Wenn wir ein großes Zelt aufbauen, wenn wir uns je nach Thema verkleiden, wenn bis zu vierhundert Erwachsene und Kinder nach Gingst auf den Kirchplatz kommen, wenn wir Kirsten Boie, Paul Maar oder Susanne Lütje willkommen heißen ... und wenn wir am Abend völlig aus dem Häuschen und sehr, sehr müde sind ...

Auch unsere Weihnachtsfeste für die ganz Kleinen sind sehr beliebt. Pony Max trabt dann geschmückt mit einer Weihnachtskutsche vor und wartet vor dem Buchladen gespannt auf Möhren und Äpfel, die die Kinder mitbringen. Währenddessen genießen die Kinder drinnen das Puppenspiel mit Birgit Schuster, einer einheimischen Puppenspielerin mit ihrem Theater Sternschnuppe. Ein

Teppich wird ausgerollt, und wir sitzen alle zusammen auf dem Boden. Ein großes Kind mit einem ganz kleinen, immer im Doppelpack. Strahlende Kinderaugen – was gibt es bei Lesungen Schöneres?

Draußen an der Tür hängt ein großes Schild: »Eltern rechts – Kinder links!« Da sind wir kategorisch, denn bekommen Sie mal sechzig kleine Kinder unter Kontrolle, wenn die Eltern dabei sind. So aber haben wir im Laden die schönste Harmonie.

Zur Entspannung und für manche Mütter zur Beruhigung gibt es vor der Tür Musik, Glühwein, Bratwurst und ein wärmendes Feuer. Nach dem Puppenspiel geht es nach draußen zu Pony Max, wir singen zusammen Weihnachtslieder, und der Weihnachtsmann verteilt Geschenke, die wir das ganze Jahr über gesammelt haben.

Einmal muss ich es sagen: Selbst mit sechzig kleinen Kindern im Laden ist noch nie etwas kaputtgegangen. Das scheint die Domäne der Erwachsenen zu sein, die mit ihren Regenschirmen und Rucksäcken schon mehreren Lampen den Garaus machten ... Seitdem sage ich zu den Kindern: »Passt schön auf eure Eltern auf, die sollen ja nichts anfassen!«

Jede Lesung, jeder Autor, jede Autorin ist anders. Robert Seethaler, einer meiner absoluten Lieblingsautoren, war mit *Ein ganzes Leben* bei uns zu Gast, moderiert von Annemarie Stoltenberg. Zu Anfang war er völlig in sich gekehrt, faltete die Hände und legt seine Stirn hinein. Sonst nichts. Oh, dachte ich, was ist jetzt?

Dann plötzlich, nach einer Minute, lachte er laut auf, lachte herzlich über sich, und das Eis war gebrochen. Er begann zu lesen, und es wurde großartig.

Ach ja, es gäbe noch so viele Anekdoten ... von einer Autorin zum Beispiel, die sich des Nachts aussperrte, ohne Schlüssel und ohne Kontaktlinsen, und nur im Hemd am stockdunklen Bodden auf Hilfe wartete ... oder von einer anderen, die nachts ausging, ebenfalls ihren Schlüssel vergaß, uns aber nicht wecken wollte, sich beherzt eine lange alte Holzleiter schnappte und durchs Dachfenster krabbelte ... oder von derjenigen, die, als sie schon auf dem Weg zur Lesung war, ihr Handy am Strand verlor, mit allen »lebenswichtigen« Daten, umkehrte, nachdem sie den Verlust bemerkt hatte, während das Publikum und ich (in mäßig guter Stimmung) geduldig warteten, Sanddornlikör tranken, bis sie dann endlich mit wiedergefundenem Handy eintraf ... und so überglücklich war, dass sie, ehe sie zu lesen begann, zwei Likörchen zu sich nahm ...

AUTORINNEN UND AUTOREN LOBEN MICH

Ja, das klingt nach Eigenlob, doch wer sich wie ich mit Leib und Seele für die Literatur engagiert und alles daransetzt, Autorinnen und Autoren einen schönen, ja, vielleicht einen unvergesslichen Abend zu bereiten, der freut sich natürlich, wenn das gelingt und die Lesenden mich hinterher mit Lob bedenken. In aller Unbescheidenheit möchte ich einige davon zitieren:

»›Das Weiche besiegt das Harte‹ – wenn der chinesische Philosoph Laotse diesen Satz nicht vor zweieinhalbtausend Jahren schon geschrieben hätte, müsste man ihn schleunigst erfinden, um Petra Dittrich zu beschreiben. Lächelnd mit dem Kopf durch alle Wände, freundlich pusten, und die Widerstände lösen sich in Luft auf. Und die Menschen, die sie anlacht, pusten augenblicklich mit. Weiße Magie im BUCHLADEN am Meer!«

Dörte Hansen

»Hier meine außerordentlich von Herzen kommende Lobhudelei: Es ist nicht einfach, etwas zu loben, das in solchem Ausmaß großartig ist. Es klingt schnell übertrieben. Aber die Wahrheit ist: DER BUCHLADEN in Gingst hat alles, was eine gute Buchhandlung braucht. Ein intelligent, stilsicher und lückenlos sortiertes Angebot, eine engagierte Buchhändlerin, die weiß, wovon sie spricht und um keine Auskunft verlegen ist, tolle Räume, eine feste Verankerung in der Region, Platz zum Lesen, Luft zum Atmen, Schmeicheleien fürs Auge, natürlich Katzen (echte genau wie andere) – und ein wirklich sensationelles Veranstaltungsangebot. Wen Petra alles auf die Insel lockt, ist kaum zu glauben. DER BUCHLADEN in Gingst ist nichts weniger als das literarische Herz Rügens. Möge es noch lange schlagen.«

Claudia Rusch

»Manche schlucken täglich Tabletten, manche schleppen sich regelmäßig in Laufschuhen durch die Gegend, manche versuchen es mühselig mit Yoga ... und das alles nur der Glückshormone wegen. Blanker Unsinn natürlich. Viel einfacher nämlich ist es, den wunderschönen BUCHLADEN auf Rügen zu besuchen, diesem Energiebündel aus ansteckend guter Laune und großem Herzen namens Petra Dittrich zu begegnen, ja, und wer da nicht augenblicklich von Freude durchströmt die Sonne aufgehen sieht, dem ist dann sowieso nicht mehr zu helfen. Petra Dittrich: das reinste Serotonin – ganz ohne Nebenwirkung.«

Thomas Raab

»»Bücher sind Schiffe, welche die weiten Meere der Zeit überqueren«, schrieb Francis Bacon, der große englische Philosoph und Essayist der Shakespeare-Zeit. Seine Insel im Zeitenmeer, das Neue Atlantis, hieß Bensalem. Auf Rügen liegt der schönste Hafen für die jährlich größer werdende Bücher-Flotte in Gingst, gleich am Markt neben Sankt Jacobi. Ich habe ihn 2009 entdeckt, auf dem Weg von Sassnitz nach Hiddensee, und mit Freude gesehen, dass dort auch eines meiner Bücher vor Anker lag. Zwei Jahre später haben mich die beiden Hafen-Kapitäninnen Petra und Bea zu meiner ersten Lesung aus der *Heimatkunde Rügen* eingeladen. Seitdem habe ich im BUCHLADEN und in der Kunstscheune Vaschvitz auch Bücher von Mark Twain und Judith Schalansky, von Rolf-Bernhard Essig und Annette Leo, von Jutta Voigt und Angelika Klüssendorf vorgestellt. Jede Lesung war wie die Heimkehr in einen Heimathafen, in dem man die anderen Schiffe und ihre Besatzungen kennt und schätzt. Nach den Lesungen haben wir oft noch beim Rotwein zusammengesessen, bis die Kirchturmuhr Mitternacht schlug. Am anderen Morgen gab es dann Beas berühmtes Frühstück, das sich unter Autorinnen und Autoren auf dem Festland bis nach Bayern herumgesprochen hat. Auch wenn der Bücher-Hafen jetzt auf der anderen Seite des Marktplatzes liegt und seine Pier neue Planken hat – an der Liebe zu Büchern hat sich dort nichts geändert. Das Publikum ist treu geblieben, und jede Lesung ist noch immer ein kleines Fest. ›Keine Fregatte gleicht dem Buch‹, hat die amerikanische Lyrikerin Emily Dickinson einmal geschrieben. DER BUCHLADEN Rügen in Gingst ist dank Petra und Bea und ihren freundlichen Helfern der schönste Ankerplatz für Bücher geblieben, die von weither kommen und sich vor den Stürmen auf dem Meer der Zeit nicht fürchten.«

Holger Teschke

EIN UMZUG, EIN NEUER ANFANG

Wenn ich so von unseren Lesungen erzähle, spüre ich, welche Bereicherung sie für mich bedeuten. Ja, sie sind mit Arbeit verbunden, doch wie viel schwerer wiegt die Freude, wenn ich die zufriedenen Autoren sehe und vor allem meine Kunden, die aus jeder gelungenen Veranstaltung viel für sich mitnehmen können. Und ich weiß gleichzeitig, dass dieses Glück an einem seidenen Faden hing, als wir 2018 erfuhren, dass unser Mietvertrag der alten Buchhandlung nicht verlängert werden würde!

Über das, was damals geschah, möchte ich keine großen Worte verlieren. Die Auseinandersetzungen mit unserem Vermieter waren, wie gesagt, entsetzlich. Lange Zeit dachte ich, dass ich diese Streitigkeiten um jeden Preis aushalten müsste, schließlich hing meine, unsere Existenz an meinem Laden. Ich wollte nicht aufgeben, was wir uns über Jahre aufgebaut hatten. Zukunftsangst nagte an mir; ich fühlte mich unglücklich und krank.

Erst als sich abzeichnete, dass das Tischtuch endgültig zerschnitten war, fielen mir allmählich die Steine von der Seele, und ich besann mich mal wieder darauf, dass Aufgeben nicht zu mir passt und mich Niederlagen nicht umwerfen. Irgendwie schien sich unser Schicksal herumgesprochen zu haben, und plötzlich flatterten interessante Angebote auf meinen Tisch. Lockrufe aus Bergen, Sassnitz, aus Stralsund, Rostock und Greifswald kamen, und ich war ziemlich verblüfft, zumal man mir gute Konditionen und völligen Freiraum einräumen wollte. Natürlich hat uns das manche schlaflose Nacht gebracht, aber letzten Endes wollte ich Gingst nicht verlassen. Wie viel Arbeit und Herzblut hatten wir in diesen Standort gesteckt! Wie viel Mühe hatte es gekostet, unseren Gingster Laden bei Kunden, Autoren und Verlagen bekannt zu machen! Und da sollte ich an einem anderen Ort wieder von Neuem anfangen, noch einmal alle Energie hineinstecken? Das konnte und wollte ich mir nicht vorstellen, bei allem Elan, den ich besitze. So war mir klar: Gingst oder nirgendwo!

Das sagte sich leicht, doch welche Lösungen konnte es geben, als ich im April 2018 zum Handeln gezwungen war? Und wieder einmal schien ein gütiger Engel sein Händchen über mich zu halten. Denn eines Tages kam Astrid Kloß zu mir, die Besitzerin des Blumenladens. Wir kannten uns seit zehn Jahren – sie hatte ja ihren Laden genau gegenüber von meinem, und wir kauften gegenseitig bei uns ein. Nach dreißig Jahren wollte sie sich zurückziehen und bot uns an, ihre Räume zu übernehmen. Langfristig denke sie allerdings, das Haus zu verkaufen, meinte sie. Ob wir vielleicht Interesse hätten?

Wir trafen uns mehrfach, besprachen alles in Ruhe. Die neuen Räumlichkeiten waren zwar dreißig Quadratmeter kleiner als die alten, doch warum sollte ich nicht auch mit sechzig Quadratmetern zurechtkommen? In Paris gab es mal eine Buchhandlung, die mit einem Drittel davon auskam ... und in Heidelberg eine, die noch kleiner ist ...

So schön diese Aussichten waren, so schnell kamen Unsicherheiten auf. Was, wenn der neue Besitzer anderes mit dem Haus vorhatte? Rügen erlebt seit Jahren einen Kauf- und Bauboom, und die Gefahr, dass Investoren aufmerksam würden und keine simple Buchhandlung als Mieter haben wollten, war groß. Beate und ich, das war klar, besaßen nicht die nötigen Mittel, um das Haus zu kaufen, und dass uns eine Bank die erforderlichen Kredite geben würde, war ebenfalls ausgeschlossen.

Dietmar Gebert, unser Freund und Förderer, hatte unsere Nöte hautnah miterlebt und handelte, wie es seine Art ist, entschlossen. Ohne lange zu überlegen, kaufte er Haus Nummer 6 und war fortan unser neuer, hochgeschätzter Vermieter – eine unglaubliche Entwicklung, ein Traum. Und damit nicht genug: Er bot uns an, als seine neuen Nachbarn eine umgebaute Wohnung auf dem Vaschvitzer Anwesen zu beziehen. Freudig griffen wir zu, und seit Oktober 2018 sind wir nun glückliche Mieter in der Vaschvitzer Abgeschiedenheit. Wie es uns dort ergeht, habe ich schon beschrieben.

Als wir Ende März 2019 unsere offizielle Neueröffnung feierten, stellte ich eine mit Blumen geschmückte »Dankesleiter« auf, die 57 Namen umfasste. Alle kann ich nicht aufzählen, aber unsere Freundin Elisabeth möchte ich ausdrücklich erwähnen, sie war uns die größte Hilfe.

Da wir ja aus dem gesamten Haus ausziehen und den Garten aufgeben mussten, waren also mehrere

Umzüge zu bewältigen. Im Ganzen waren es acht Monate Arbeit, alles neben dem Ladenalltag zu leisten: der Rückbau des alten Ladens, der Umbau des neuen Ladens, der Neubau des neuen Ladens, das Renovieren der alten und der neuen Wohnung, das Ausbuddeln des Gartens ...

Am 22. und 23. September 2018 pflanzten wir den Garten um. Gärtner Thomas Zülow, ein langjähriger Stammkunde, kam mit seinem Mitarbeiter, grub mit uns zusammen die hundertsechzig Pflanzen unseres romantischen Bauerngartens aus und pflanzte sie mit uns gemeinsam in Vaschvitz wieder ein.

Das war eine Arbeit, die mir anfangs das Herz zerriss, schönste Rosen in voller Blüte ... und überhaupt, mein Garten, unser Garten ... ach herrje, die Tränen flossen reichlich.

Mittlerweile ist in Vaschvitz alles wieder gut angewachsen, keine Pflanze ist eingegangen, es ist kein romantischer Bauerngarten mehr, aber alles fügt sich wunderbar in die Parkanlage des Gutes ein. Die Rosen haben diesen Sommer so prächtig geblüht wie nie zuvor, das kann kein Zufall sein.

Ende Oktober 2018 fand der Wohnungsumzug statt. Viele boten mir im Vorfeld ihre Hilfe an, und ich dachte: Wenn nur fünf davon wirklich kommen, ist das toll. Und dann fuhren am 28. Oktober auf dem Parkplatz vor dem Laden etliche Wagen vor, große und kleine, mit Pferdeanhängern, kleine Busse, Transporter ... Um acht Uhr klingelte es an der Tür, und sage und schreibe 14 Männer traten an. Anderthalb Stunden später war die Wohnung komplett ausgeräumt – und ich habe nicht eine Kiste getragen.

Unser Kater Oskar, der mitten in der großen Stube saß, guckte ziemlich traurig, als alles um ihn herum immer leerer wurde. Plötzlich war er verschwunden. Die Wohnung war leer, wo um alles in der Welt war er? An der Wand lehnte ein einziges Bild, dahinter hatte er sich verkrochen, das Unglück stand ihm ins Katergesicht geschrieben. Geduldig erklärte ich ihm noch mal alles und drückte ihn. Am ersten Abend in Vaschvitz, unserem neuen Zuhause, kletterte er mit Katerkollege Benny schon überall neugierig herum, Hauptsache, seine beiden Muttis waren da!

Am nächsten Tag klingelte es an der Tür: Drei gesetzte Damen aus dem Dorf standen mit Putzeimern bewaffnet vor uns und strahlten uns an: »So, ihr braucht doch bestimmt Hilfe!« Wir wollten erst ablehnen, da uns, die wir doch jünger waren, das peinlich war, aber gegen diese resoluten Rüganerinnen besaßen wir nicht die geringste Chance. Nach anderthalb Stunden war auch diese Arbeit erledigt – hundertzwanzig Quadratmeter blitzten wie nie zuvor.

Beim Umzug des Ladens sprangen Handwerker aus der Region trotz voller Auftragsbücher ein. Veit und seine Tischler Axel und Jean bauten uns die schönsten Regale, Beate und ich strichen sie an. Gudrun Lange, eine Autorin aus der Region, und Brunhild, eine pensionierte Zahnärztin, standen plötzlich im Laden und ließen es sich nicht nehmen, alle Fenster zu putzen. Mutti und Sabine kochten für uns.

Zur Neueröffnung am Samstag, den 30. März 2019 kamen Hunderte Menschen. Beate und ich waren sprachlos – schönstes Frühlingswetter und ein Blumenmeer, dazu 82 Flaschen guten Weines, ein Geschenk, das uns zu denken gab. Musik spielte auf, wir aßen und tranken unbeschwert. Zu Beginn hielt ich eine kurze Rede und spielte dann Marius Müller-Westernhagens Lied *Wieder hier* so laut, dass es den ganzen Platz beschallte.

Es war ein Volksfest. Wie der letzte Tag im alten Laden, so war auch der erste Tag im neuen ein Geschenk an Beate und mich.

Was die Inneneinrichtung angeht, hat es nicht an Ideen gefehlt, unsere Quadratmeter zu nutzen. Auf drei Räume ist das Sortiment verteilt, einer ist ganz den jungen Leserinnen und Lesern gewidmet. Eine kleine Treppe, die ins Nichts führt, ist zu einer Attraktion geworden. Die Sonne strahlt jeden Tag in den Laden, und jedes Mal, wenn ich morgens aufschließe, überkommt mich ein Wohlgefühl. Wie fein haben wir es erwischt! Schon nach wenigen Wochen hatte ich das Gefühl, dass der Umzug uns bestens bekommen ist. Die Kunden können sich draußen an Tischen niederlassen. Einen Tee oder Kaffee gibt es bei mir immer.

Noch stärker als früher empfinde ich meinen Laden als Kommunikationszentrum, nicht nur in literarischen und persönlichen Fragen. Ich habe das Gefühl, dass es wichtiger denn je ist, sich zu dem zu bekennen, wofür man steht – auch in politischer Hinsicht. Immer schon war es mir peinlich, wenn ich mit Autoren, die wir vom Bergener Bahnhof abholten, an AfD-Plakaten vorbeifuhr und ich ihnen von unerfreulichen Wahlergebnissen erzählen musste.

Wir haben selbstverständlich keine Bücher von Thilo Sarrazin oder Alice Weidel im Laden vorrätig oder gar an exponierter Stelle. Werden diese bestellt, führe ich das kommentarlos aus. Erfreulicherweise bleibe ich davon aber fast gänzlich verschont. Was wir hingegen gegenwärtig stapelweise verkaufen, sind Titel, die der Aufklärung dienen und helfen, dem rechten Populismus entgegenzuwirken – also zum Beispiel Hannah Arendts *Was heißt persönliche Verantwortung in einer Diktatur?*, Theodor W. Adornos *Aspekte des neuen Rechtsradikalismus*, Andrea Röpkes und Andreas Speits *Völkische Landnahme. Alte Sippen, junge Siedler, rechte Ökos*, Amos Oz' *Liebe Fanatiker* und Erich Kästners *Über das Verbrennen von Büchern*.

Das politische Engagement hat sich seit Mai 2017 zugespitzt, als wir durch Zufall erfuhren, dass direkt neben unserem Dorf, zwischen Mooren, Naturschutzgebieten,

Kranichrastplätzen, Vogelzugrouten, Seeadlerhorsten, neben Kirche und Friedwald ein Windindustriepark mit riesigen Windrädern entstehen sollte.

Als sich das herumsprach, war der Kampf gegen Windmühlen, David gegen Goliath eingeläutet. Wir wollten uns gegen die Bürokratie und die Investoren wehren. Der Gingster Kirchturm weist eine Höhe von 68 Metern aus, die Nabenhöhe der geplanten Windräder sollte bei 200 bis 250 Meter liegen.

Als ein sehr integrer Stammkunde auf uns zukam und fragte, ob wir helfen wollten, die Missstände anzuprangern und publik zu machen, haben wir uns nach kurzem Überlegen entschieden, unseren Veranstaltungsverteiler zweckzuentfremden. Hätten wir so nicht alle mobilisiert, wäre die Sache still und geräuschlos über die Bühne gegangen.

Dreitausend Einwendungen kamen aus Gingst und Umgebung, und nach zwei Jahren harten Kampfes mussten die Behörden nachgeben. Am Ende half der Seeadler. Nachdem sich über ein Jahr hindurch kein Horst in den für die Windräder vorgesehenen Wäldern finden ließ – obwohl alle wussten, dass es dort Seeadler gab –, kam uns ein Sturm zu Hilfe. Ein Ast knickte ab und gab den Blick auf den Horst frei. Ein Wunder war geschehen.

Aus diesem Engagement entstand die politische Vereinigung »Bündnis für Gingst«, die zur Kommunalwahl 2019 antrat. Ein Bündnis, das den Querschnitt des

Dorfes wunderbar widerspiegelt, Einheimische, Hinzu-
gezogene, Ost und West, Alte und Junge, Akademiker,
Handwerker, Selbstständige, Rentner, Angestellte. Menschen, die Hälfte Männer, die Hälfte Frauen, die sich für
den Erhalt *ihres* Dorfes einsetzen, für dessen Struktur
und die Natur, und nicht irgendwelchen windigen Investoren hinterherhecheln.

Investieren ja, aber nicht nur für einige wenige,
sondern für alle – das ist die Parole. Feriendörfer beispielsweise, die im Winter zu Geisterdörfern werden, da
niemand darin wohnt, soll es nicht geben, stattdessen
ausreichend Wohnraum für Einheimische. Wir wollen
unsere Alleen erhalten, schlichtweg die Natur schützen,
damit nicht alles dem Kommerz zum Opfer fällt.

Das »Bündnis für Gingst« erhielt zwei Drittel der
Stimmen, die Bürgermeisterkandidatin Gerlinde Bie-
ker gar drei Viertel. Die Wahlbeteiligung hatte sich fast
verdoppelt. Dass wir daran beteiligt waren, freut uns
wahnsinnig. Ein Buchladen kann eben mehr als ein
Buchladen sein.

UND DIE ZUKUNFT?

Wie wird es meinem Buchladen in fünf oder zehn Jahren ergehen? Natürlich weiß auch ich, dass verschiedenste Faktoren den Einzelhandel bedrohen und viele kleine Sortimente in den letzten Jahren schließen mussten. Auf die faule Haut darf sich niemand legen. Der Einsatz, den Buchhändler bringen müssen, um ihre Läden zu unverwechselbaren Anlauf- und Erlebnisstätten, zu Oasen der Ruhe und des Gesprächs zu machen, ist groß. Wer sich mit Mittelmaß zufriedengibt und meint, wie vor zehn Jahren agieren zu können, der wird es sehr schwer haben. Professionalität ist gefragt, und diese schließt nicht aus, sich zur Tradition zu bekennen.

Meine Umsätze sind von Jahr zu Jahr gestiegen – ich traue es mich kaum zu sagen. Zweimal haben wir den Deutschen Buchhandlungspreis bereits bekommen – eine Ehrung, die mich stolz gemacht hat –, und dessen Preisgeld es mir zum Beispiel erlaubt hat, einen edlen Holzfußboden in meinen neuen Laden zu legen. Unvergessen meine Aufregung, als wir am 5. Oktober 2016 zum ersten Mal mit diesem Preis bedacht wurden. Diese herrliche Nachricht feierten wir anderthalb Wochen später, als Isabel Bogdan zuerst vor ausverkaufter Scheune aus ihrem Roman *Der Pfau* bei uns las und wir im Anschluss mit einer Irish-Folk-Band ausgiebig die Auszeichnung begossen.

Die Verleihung selbst fand im Heidelberger Theater statt. Beate und ich waren voll freudiger Erregung angereist; unser Freund und Kollege Leen kümmerte sich in unserer Abwesenheit um den Laden, sodass wir ganze vier Tage – ein richtiger Kurzurlaub! – im romantischen Heidelberg verbringen konnten. Selbstverständlich absolvierten wir das komplette Touristenprogramm, Flussfahrt auf dem Neckar und Schlossbesichtigung inklusive.

Untergebracht waren wir im Hotel Perkeo in der Hauptstraße, das nach einem Hofnarren aus dem 18. Jahrhundert, dem Zwerg Perkeo, benannt ist. Passt irgendwie, dachte ich mir, als ich das las. Wir trafen dort auf viele nicht minder froh gestimmte Kolleginnen und Kollegen. Zur Preisverleihung kamen sogar Stammkunden aus dem Heidelberger Raum, die sich, um uns zu überraschen, im Foyer aufbauten – vertraute Gesichter, die mir viel von meiner Aufregung nahmen.

Je näher die eigentliche Verleihung rückte, desto zappliger wurde ich – wegen des außergewöhnlichen Ereignisses, aber auch, weil ich meine Brille nicht aufgesetzt hatte und zur Bühne ein langer, schummriger Gang führte, der mir Angst und Schrecken einflößte. »Petra«, flüsterte ich mir zu, »reiß dich zusammen, blamier Rügen nicht, und nimm die Stufen, ohne zu stolpern!« Der Appell half, und als ich es auf die Bühne geschafft hatte, war ich sehr stolz. Neben so vielen wunderbaren Kollegen zu stehen und zu wissen, dass die eigene Arbeit von einer Fachjury geprüft und anerkannt worden war, das tat gut. Mit einem Mal gingen mir die letzten Jahre blitzschnell durch den Kopf. Da stand ich nun und hatte es allen Unkenrufen zum Trotz geschafft. Und wieder einmal war ich Beate so dankbar. Sie saß, natürlich gelassener als ich, im Zuschauerraum, und ich warf ihr eine Kusshand zu – und die Rose, die mir irgendjemand auf der Bühne in die Hand gedrückt hatte.

Apropos Heidelberg: Die Erinnerung an diese Auszeichnung verbindet sich mittlerweile auch mit einem Autor, der unser Lesungsgast war und den wir besonders schätzen. Saša Stanišić stellte vor einiger Zeit seinen mit dem Preis der Leipziger Buchmesse prämierten Roman *Vor dem Fest* vor, ein tolles, in der Uckermark spielendes Buch, das mancherorts bereits zur Pflichtlektüre für Deutschabiturienten geworden ist.

Stanišić flüchtete 1992 als Vierzehnjähriger mit seiner Mutter aus Bosnien nach Deutschland, und ausgerechnet das so idyllisch herausgeputzte, romantische Heidelberg wurde zu seiner ersten Anlaufstation. Ich erinnere mich gut daran, wie er in Vaschvitz nicht nur aus seinem Roman las, sondern auch einen komischen und zugleich ernsten Text, der von seiner Ankunft in Heidelberg erzählte. Als Flüchtling kam er nach Deutschland, erlernte die deutsche Sprache und zählt inzwischen zu unseren besten Autoren. Im Oktober 2019 wurde sein Buch *Herkunft* (in dem Heidelberg eine wichtige Rolle spielt) mit dem Deutschen Buchpreis ausgezeichnet und kletterte sogar auf Platz 1 der

Spiegel-Bestsellerliste. Wie dankbar müssen wir sein, denke ich, wenn sich wieder mal Fremdenfeindliches, auch auf Rügen, breitmacht, dass dieser bosnische Junge zu uns gekommen ist und unsere Literatur reicher gemacht hat. Ich freue mich sehr darauf, wenn er mit seiner Frau und seinem Kind bald wieder bei uns sein wird!

Wenn wir schon bei Ehrungen sind: Der 1. Dezember 2018 war ein außergewöhnlicher Tag für mich, denn da wurde uns in der Orangerie von Putbus der Förderpreis der Kulturstiftung Rügen verliehen. Die Begründung, die deren Vorstandsmitglied Reinhard Litty verlas, klingt noch heute angenehm in meinen Ohren nach: »Petra Dittrich betreibt nicht einfach nur einen Buchladen. Sie ist auch Kulturmanagerin im schönsten Sinne des (schrecklichen) Wortes. Ihre Veranstaltungen im Buchladen in Gingst oder in der Kulturscheune in Vaschvitz sind längst Kult und deshalb schnell ausverkauft. Qualität setzt sich eben durch. Und das in und außerhalb der Saison im eher ländlich geprägten Westrügen. Neben der Exklusivität der Künstler – Autoren wie Musikern – ist es die durch sie geprägte angenehme Atmosphäre, die den Unterschied macht. Liebe zur Kunst zieht Literaten, Musiker und Publikum gleichermaßen an. Es macht Spaß, weil es ihr Spaß macht. Es ist kein Hype, wenn sie auch andere Preise einheimst. Es ist ein verdientes Lob für ihre Arbeit.« Eine solche Würdigung auf unserer Insel zu bekommen und zu spüren, dass man uns hier wahrnimmt, das war ein sehr besonderer Moment für mich.

Noch glücklicher als solche Auszeichnungen macht es mich aber, wenn meine Kunden von nah und fern würdigen, was wir Tag für Tag tun, und von weither anreisen, nur um eine Stunde in unserem Laden zu verbringen oder eine Lesung zu besuchen.

Prognosen zu meinem Buchladen und, ja, auch mir selbst abzugeben, das fällt mir – obwohl ich inzwischen eine ganz bodenständige, sesshafte Person geworden bin – schwer. Denn hätte man mir vor zehn Jahren vorhergesagt, was ich alles erleben würde, hätte ich lauthals gelacht und vieles für undenkbar gehalten.

Manchmal sprechen mich besorgte Kundinnen und Kunden an, die in der Zeitung Schreckensmeldungen über den deutschen Buchhandel oder das Verlagswesen gelesen haben. Dass es hierzulande immer weniger Leser gebe, dass Jugendliche kaum noch in der Lage seien, komplexe Texte zu verstehen und die Konzentration zum »vertieften Lesen« aufzubringen, dass die Menschen lieber zum Smartphone greifen und den Abend eher mit Netflix-Serien als mit einem Buch verbringen würden ...

Das alles ist wahr, und das alles gibt Anlass zur Sorge. Für mich aber – und damit versuche ich, meine Kundschaft zu beruhigen – sind solche Meldungen Ansporn, mir noch mehr Gedanken zu machen und neue Ideen zu entwickeln. Für großartige Bücher die

Werbetrommel zu rühren und sie Kunden so schmackhaft zu machen, dass sie mit einer prall gefüllten Tasche meinen Laden verlassen, das ist mein Leben. Ich habe das Glück, meinen Traumberuf auszuüben, und das lasse ich mir von keinem Schwarzseher vermiesen!

Aber natürlich braucht es heute mehr Energie als früher, um für den Erhalt eines kleinen Buchhandels zu kämpfen. Sonntagsreden nützen da nichts. Wir müssen alle zusammen jedem klarmachen, dass die großen Buchhandelsketten und Internetanbieter nicht ersetzen können, was ich und viele meiner Kolleginnen und Kollegen zu bieten haben: intensive Beratung, Zuwendung und reichlich Herzblut! Unsere Gesellschaft muss aber, finde ich, auch die Rahmenbedingungen schaffen, die uns helfen, gegen alle Widrigkeiten zu bestehen.

Dass es die Preisbindung für Bücher weiterhin gibt, ist für mich ein solcher Eckpfeiler meiner Arbeit: dass Bücher also im Internet oder anderswo nicht billiger als in Gingst angeboten werden. Froh bin ich auch darüber, dass es in Deutschland mittlerweile nicht nur einen Buchhandlungspreis gibt, sondern seit 2019 auch einen für kleine(re) Verlage. Über sechzig von ihnen erhielten auf der Frankfurter Buchmesse 2019 von Ministerin Grütters eine Auszeichnung für ihre Arbeit – versehen mit einem Preisgeld, das ihnen das Verlegen von außergewöhnlichen, nicht zum Mainstream gehörenden Titeln erleichtern soll. Da ziehen wir an einem Strang, denn auch ich habe es mir ja auf die Fahnen geschrieben, Abseitiges und leicht zu Übersehendes unter die Leute zu bringen!

Keinen Zweifel habe ich, dass wir unser Veranstaltungsangebot in Zukunft weiter voranbringen werden. Es gibt ja so viele Schriftsteller, die ich noch nicht eingeladen habe ... und ungezählte, die ich unbedingt ein zweites, drittes oder viertes Mal einladen möchte! Vielleich traue ich mich sogar, irgendwann internationale Autoren nach Gingst und Vaschvitz zu locken. Wer ständig in Paris, London oder New York City lebt, empfindet womöglich die Atmosphäre zwischen Bodden und Brandung als besonders wohltuend.

Veranstaltungen mit Musik in unterschiedlichen Formaten gab es bei uns in den letzten Jahren immer wieder. Musik und Literatur passen einfach gut zusammen. Wäre es nicht auch denkbar, kleine Theaterstücke auf die Vaschvitzer Bühne zu bringen? Unser Angebot sozusagen zu erweitern? Ich denke darüber nach, versprochen!

Und ganz zuletzt: Immer wieder bin ich im Lauf der Jahre auf Buchhändlerkollegen gestoßen, die neben ihrem Ladengeschäft als Verleger tätig sind. Wäre es nicht schön, wenn ich selbst zur Kleinverlegerin würde und nicht mehr lieferbare Schätze aus Belletristik und Sachbuch auf den Markt brächte? Ja, das ist Zukunftsmusik, gewiss, eine ferne vielleicht, aber seien

Sie sicher, dass ich mich demnächst kundig machen und mit Druckereien, Gestaltern und Setzereien reden werde. Wer weiß, dann könnte ich mich irgendwann für den Deutschen Buchhandlungs- *und* für den Deutschen Verlagspreis bewerben.

Voraussetzung für all diese Pläne ist natürlich, dass mein Energiereservoir kein Leck bekommt, dass ich gesund bleibe, dass mir Beate und meine vielen Freundinnen und Freunde die Treue halten. Und Sie auch, meine liebe, meine aufgeschlossene und begeisterungsfähige Kundschaft! Dann sehe ich froh gelaunt in die Zukunft – und deshalb erlauben Sie mir hoffentlich, dass ich mit einer kleinen Anekdote schließe, die mir so recht aus dem Herzen spricht, mit einem Dialog, den ich vor einiger Zeit, im vollen Laden, mit der kleinen Sarah führte:

Sarah: »Du, Petra.«

Ich: »Ja?«

Sarah: »Wir kommen ganz doll gern zu dir!«

Ich: »Wirklich? Und warum?«

Sarah: »Du bist so schön altmodisch!«

Einen Moment lang war ich verschnupft und dachte:
Na toll, super! Altmodisch, aha … und das sagt sie mir
vor allen Leuten.

Doch die drehten sich um und lächelten freundlich.

Sarah: »Ja, du hast richtige Bücher, bei dir darf man
alles anfassen, und man kann mit echten, richtig

schönen Spielsachen spielen. Und außerdem liest du uns immer so schön vor.«

Dann drückte sie mich, und ich war sprachlos, gerührt.

Einverstanden, dann bin ich gern altmodisch, nicht virtuell, digital oder viral.

Kinder nämlich sind die Kunden von morgen, oder?

Impressum

Petra Dittrich mit Rainer Moritz
Meine Inselbuchhandlung
Zwischen Bodden und Brandung
ISBN: 978-3-95910-247-6

Eden Books
Ein Verlag der Edel Germany GmbH
Copyright © 2020 Edel Germany GmbH, Neumühlen 17, 22763 Hamburg
www.edenbooks.de | www.edel.com
3. Auflage 2020

Projektkoordination: Juliane Noßack und Julia Gommel-Baharov
Lektorat: Dr. Matthias Auer
Umschlaggestaltung: Buchgut, Berlin
Umschlagillustration: © Christina Kuschkowitz
AutorInnenfoto: © Christina Czybik
Layout und Satz: Datagrafix GSP GmbH, Berlin | www.datagrafix.com
Druck und Bindung: GGP Media GmbH, Pößneck

Printed in Germany

Dieses Buch ist auch als E-Book erhältlich.

Um die kulturelle Vielfalt zu erhalten, gibt es in Deutschland und Österreich die gesetzliche Buchpreisbindung. Für Sie, liebe Leserin und lieber Leser, bedeutet dies, dass Ihr verlagsneues Buch überall gleich viel kostet – sowohl im Internet als auch in den großen Buchfilialen oder der kleinen Buchhandlung um die Ecke.